La France contemporaine à travers ses films

Manuel du Professeur

by
Anne-Christine Rice

La France contemporaine à travers ses films

Manuel du Professeur

by
Anne-Christine Rice

focus Publishing
R. Pullins Company
PO Box 369
Newburyport, MA 01950
www.pullins.com

La France contemporaine à travers ses films: Manuel du Professeur
Anne-Christine Rice

ISBN 13: 978-1-58510-413-0

ISBN 10: 1-58510-413-2

This book is published by Focus Publishing / R. Pullins Company, PO Box 369, Newburyport MA 01950. All rights are reserved.

10 9 8 7 6 5 4 3 2 1

Table des matières

PREFACE TO THE INSTRUCTOR

The goal of the instructor's manual is to help professors prepare their classes by saving them time, and by offering a point of view that may be different from theirs. In some cases the questions have clear answers. Oftentimes, however, the answers are my interpretation of the film. You may easily have a different point of view. My students often give answers I had not anticipated.

WILL I HAVE THE TIME TO DO ALL 8 CHAPTERS IN ONE SEMESTER?
This will depend on the format of your course. If this is the only text you use, you will be able to cover everything in a semester. If your course includes a grammar component, and/or if you add readings, you will probably have the time to do 5 or 6 chapters.

HOW IS THE BOOK ORGANIZED? HOW SHOULD I USE IT?
The chapters can be done in any order. Here is an outline (based on chapter 6) of what you can do if you decide to spend 5 classes per chapter:

Class 1:
Homework to prepare for class 1:
- Read introduction pp.137-9
- Study the "Aspects culturels" documents on pp.139-144 and answer questions
- Learn vocabulary p.144-5
- Prepare "Parallèles avec d'autres pays" p.145-6

In class :
- Discuss the "Aspects culturels" documents
- Check the vocabulary
- Discuss the "Parallèles avec d'autres pays" section

Class 2:
Homework to prepare for class 2:
- Watch the film (at the lab, media center or on Blackboard)
- Answer the "Questions générales" pp.147-8 and the "Questions sur les thèmes du film" p.148

In class :
- Discuss the film, answer the questions

Class 3:
Homework to prepare for class 3:
- "Les limites de ce film" p.149
- "A vous de jouer" p.150 (jeu de rôles) : students should have been paired in advance so as to prepare this skit together

In class:
- Discuss "Les limites de ce film"
- Skits

Class 4:

Homework to prepare for class 4:

- "Une situation typiquement française" p.149
- Read the interview ("La parole à Nicolas Peccoz") pp.150-2
- "A vous de jouer" p.150 (débat) : students should come up with several arguments for and against to be ready for the debate

In class:

- Discuss "Une situation typiquement française"
- Compare the interview and the film
- Debate

Class 5:

Homework to prepare for class 4:

- Read "L'avis de la presse" pp.152-160 and answer questions

In class:

- Discuss the articles in "L'avis de la presse"
- Wrap-up

You may want to spread out the readings by doing one in Class 4.

You may also ask the students to watch one of the films listed in the "Autres films à voir" section, and discuss it during Class 5.

WHAT SHOULD I DO WITH THE SUBTITLES?

Opinions differ greatly on the use, or not, of subtitles. I have tried both ways, and have opted to show the films with subtitles. It allows for a much more interesting and in-depth discussion in class since the students understood all the details of the story. Their brain is capable of matching the words they hear in French and those they read in English, therefore their comprehension and vocabulary improve with each showing. In this course my goal is not to use the films for oral comprehension, but as a tool to further the study of the topic at hand. The instructor might wish to pick a scene and show it in class without subtitles as an oral comprehension exercise.

HOW SHALL I EVALUATE MY STUDENTS?

This text will be used in culture courses, as well as composition and conversation courses. In both cases you will need to check your students' knowledge of the topic, as well as their ability to express themselves in correct French. You may find these suggestions helpful:

- Culture quizzes (maybe as multiple choice questions) to check their understanding of the "Aspects culturels";
- In-class exams at the end of the chapters;
- Compositions done at home. It may be wise to do a shorter one in class to gauge their writing ability when they are doing the work on their own. If you would like your students to do further research, the "Autres films à voir" section provides many opportunities.

Do you have questions or suggestions? Would you like to share your experience? Feel free to get in touch with me at Anne-Christine.Rice@tufts.edu

La famille
Je vais bien, ne t'en fais pas

ASPECTS CULTURELS

1. **Mariage et concubinage**
   Mariage et PACS
   1. Le mariage est à peu près stable depuis 1990, même s'il a légèrement baissé.
   2. Le PACS, en revanche, est en très forte progression. Il a peu évolué au début, entre 2000 et 2004, mais il est devenu très courant depuis.

   Naissances hors mariage et évolution du divorce
   1. D'après le tableau, un enfant sur deux naît désormais de couples non-mariés. Certains sont PACSés, d'autres non. Il est donc courant aujourd'hui d'avoir un ou plusieurs enfants sans être marié. Certains couples se marieront plus tard, d'autres pas.
   2. Le divorce est en très forte hausse. Cela n'est pas surprenant car la société l'accepte bien et les femmes sont indépendantes financièrement.

2. **Autres modèles familiaux : familles monoparentales et familles recomposées**
   Entre 1962 et 1999 le nombre de familles monoparentales a doublé. C'est surtout depuis 1982 que cette évolution s'est accélérée. Elle correspond à l'augmentation rapide des divorces.

3. **Natalité**
   1. La France a un taux de natalité très élevé par rapport aux autres pays.
   2. Ce sont la Russie et 4 pays d'Europe de l'est, tous anciennement communistes. On remarque aussi que la République tchèque et la Hongrie ont des taux très proches.

QUESTIONS GENERALES SUR LE FILM

Parents :

1. A ce moment-là Lili pense que sa mère a tort de s'angoisser et que Loïc va bien revenir.
2. Lili pense que sa mère pleure car son mari crie sur son fils disparu. En réalité la mère pleure en constatant jusqu'où son mari peut aller pour jouer le jeu et protéger sa fille.
3. La mère joue le jeu jusqu'au bout. Quant Lili lui dit qu'elle sait qui postait les cartes, la mère semble surprise. En fait il est bien évident qu'elle savait tout ce que faisait son mari.
4. Non, elle est ébranlée par le fait que Thomas sait la vérité.

Les amis :

5. Il sait sans doute la vérité. Il la cache à Lili en se dérobant. Il lui dit que Loïc ne l'appelait pas tous les jours et il lui fait écouter une chanson pour mettre un terme à la conversation.
6. Léa et Thomas sont affectés de voir que Lili est effondrée mais ils sont optimistes. Ils se veulent rassurants et pensent qu'il va revenir.

Le téléphone :

7. Le téléphone est un lien mais quand ce lien est rompu le téléphone devient un objet qui renforce la séparation, qui aggrave l'absence et l'impression d'abandon.

Cartes postales :

8. Cette carte a un impact considérable puisqu'elle lui redonne goût à la vie en lui donnant espoir.
9. Cela est écrit comme venant du fils mais c'est en réalité un message du père à sa fille. Il la pousse à faire mieux que lui et à agir pour réussir sa vie.

Recherches :

10. La dame se souvient bien du nom de famille mais il s'agit du père, pas du fils. Lili ne peut pas imaginer que ce soit quelqu'un d'autre que son frère. La conversation est assez floue pour la convaincre.
11. Le spectateur croit qu'elle a reconnu Loïc. La déception et le choc sont alors à la hauteur de nos espoirs !

Dates :

12. Les dates donnent un aspect documentaire au film. On a le sens du temps qui passe et la recherche menée par Lili est à la fois une quête et une enquête.

Maison :

13. Lili prend son indépendance pour ne plus être avec ses parents et pour s'éloigner à la fois de la chambre vide de son frère et de l'ambiance déprimante. Elle cherche aussi à s'affirmer.
14. Le père ne supporte plus les deux chambres vides. Il a besoin de repartir à zéro dans une autre maison et une autre ville, ce qui explique son envie de vendre la maison et de partir à Saint-Malo.

Thomas :

15. Thomas est doux et respectueux, puis il essaye, en vain, de secouer Lili, de lui faire accepter la vérité.

16. Lili a autre chose à penser. Elle se refuse au bonheur, à l'amour, elle reste enfermée dans son angoisse et son état de manque.

17. Cette visite coïncide avec la découverte de la vérité. Désormais il partage le secret et est en passe de devenir une sorte de « nouveau fils ».

Révélations :

18. Thomas découvre la tombe de Loïc. Il est à la fois choqué par la mort du jeune homme et par le mensonge et le stratagème de ses parents.

19. Lili découvre la guitare de Loïc. C'est très étonnant puisqu'elle pensait que son frère était parti avec. Il est évident aussi qu'elle est cachée dans la voiture. Ce qu'elle comprend vraiment n'est pas sûr mais on peut supposer qu'elle aura des questions à poser à ses parents.

20. Non, on suppose qu'il dit vrai mais Loïc aurait tout à fait pu se suicider.

La fin :

21. Il est possible que Lili ait compris la vérité en voyant son père poster les cartes, puis en découvrant la guitare. Elle ne sait cependant pas exactement ce qui s'est passé.

QUESTIONS SUR LES THEMES DU FILM

1. **Etudes et petits boulots**
   a. Ses parents n'en avaient pas les moyens donc il a commencé à travailler et il a suivi des cours du soir (des cours pour adultes). Il pense que Lili a de la chance d'avoir des parents qui peuvent lui payer des études.
   b. Non, Lili envie le DEA de Léa.
   c. Léa fait des études longues, qu'elle finance grâce à son emploi à Shopi. Elle sait où elle va, ce qu'elle veut réussir et comment elle va y parvenir. Lili, en revanche, a arrêté ses études et travaille à Shopi sans espoir de faire autre chose.

2. **Classe moyenne et banlieue**
   Certes les parents de Léa ne sont pas des gens qui ont de grandes ambitions. Ceci dit le réalisateur montre leur vie sans la juger et on peut même penser que le décès de Loïc a ébranlé leur vie au point de prendre de grandes décisions, comme un déménagement.

3. **Liens familiaux, relations parents-enfants**
   a. C'est une famille dans laquelle il y a beaucoup d'amour mais ils ne savent pas le dire. Ils sont capables de se prouver qu'ils s'aiment mais ils ne l'expriment pas bien. Il y a des non-dits, des malaises, des disputes fréquentes entre le père et le fils, et les critiques du fils sur les cartes postales.
   b. Leurs relations devaient être excellentes. Si Lili refuse de manger, c'est parce qu'elle pense que Loïc est mort et qu'elle veut mourir aussi pour le rejoindre.

4. **Passage à l'âge adulte**
   Le départ de son frère la force à mûrir et à prendre de la distance par rapport à sa famille. Elle remet ses liens familiaux en question, elle prend son indépendance (en travaillant et en prenant un appartement) et elle se lance dans une relation amoureuse.

Elle apprend à être seule et elle se repositionne face à ses parents.

5. **Rôle de l'amoureux**
   Thomas est un appui solide et il éloigne Lili de sa douleur et de sa famille. Petit à petit on peut même le voir comme une sorte de remplaçant de son frère.

6. **Impact de l'absence**
   Dans l'adversité chacun révèle une facette de sa personnalité. Le père donne l'impression de continuer dans sa routine, en allant au travail, en rentrant pour dîner, en regardant la télévision. La mère est triste et effacée. Tous deux semblent accepter la situation, ce qui exaspère Lili. Elle est prête à remuer ciel et terre pour retrouver son frère. En fait, en partant à la recherche de Loïc Lili se cherche aussi. A la fin, on peut espérer qu'elle s'est trouvée et que ses parents forment un couple plus soudé qu'avant la disparition de leur fils.

7. **Mensonges et vérité**
   C'est assez incroyable que les parents aient échafaudé ce plan mais c'est dans le but louable de protéger Lili. Ils ont dû vivre dans l'angoisse qu'elle découvre la supercherie, mais ils l'ont fait par amour pour elle.

ETUDE COMPLEMENTAIRE

LES LIMITES DE CE FILM

1. Le service de psychiatrie dans lequel est Lili est assez terrifiant: médecin autoritaire, infirmières peu aimables, isolement forcé, méthodes de choc. Tout cela semble exagéré. Dans la plupart des hôpitaux le personnel est chaleureux et les méthodes plus douces.

2. Il semble étrange que Lili ait cherché son frère pendant un an sans succès, puis que les deux découvertes (la tombe de Loïc et la guitare dans la voiture) aient lieu au même moment. C'est une ficelle du réalisateur pour pouvoir terminer son film, tout en laissant des doutes au spectateur.

3. C'est effectivement un peu difficile à croire, surtout à long terme. On se demande comment personne, dans l'entourage de Lili, n'a fait d'allusion et comment le père a pu copier l'écriture au point de ne pas laisser de doute. Le réalisateur a en partie contourné la difficulté en s'assurant que Lili ne cotoie que ses parents et des amis et collègues qui ne savent pas la vérité. Le seul qui savait est le voisin, ami de Loïc, mais la scène est brève et il se réfugie derrière une chanson.

UNE SITUATION TYPIQUEMENT FRANÇAISE?

Certains aspects du film sont particulièrement français, comme la maison (extérieur et intérieur), les repas, l'habillement des parents, mais le thème est universel. Partout les parents et les enfants se reconnaîtront. Dans un autre pays la séparation serait aussi pénible et le deuil aussi difficile à faire.

L'AVIS DE LA PRESSE

Article Cécilia Gabizon, publié dans le *Figaro* du 24 septembre 2008

1. Les dépenses liées à l'enfant sont les mêmes mais l'Etat aide financièrement les parents.
2. Le gouvernement a instauré un programme d'aide pour encourager les naissances car les couples réduisaient fortement les naissances et le pays vieillissait.
3. Le système semble injuste mais on considère que l'enfant, où qu'il naisse, doit profiter de la même aide de l'Etat.
4. Tous les enfants sont accueillis gratuitement et toute la journée à partir de 3 ans, voire plus tôt s'il l'école a de la place et si l'enfant est prêt. C'est non seulement un facteur d'intégration pour les enfants (ils ont tous la même chance à partir de 3 ans), mais c'est bien sûr un soulagement pour les parents qui savent leurs enfants dans une école de qualité et gratuite.
5. L'idée est de le raccourcir pour que le retour au travail des mères soit moins difficile et donc pour que leurs possibilités de relancer leur carrière soient meilleures.

Interviews accordées à Rémi Duchemin pour le *Journal du Dimanche*

1. Il pense que c'est une alternative au mariage offerte aux couples qui le désirent.
2. Absolument pas, les gens se marient encore beaucoup. Le Pacs est une option qui n'enlève rien au mariage.
3. Pour lui le Pacs est néfaste à long terme pour les familles car ce n'est pas une institution aussi stable que la mariage.
4. Il voudrait que les couples mariés aient beaucoup plus d'avantages que les couples pacsés.
5. Les propos de M. Rebsamen sont plus posés et tolérants que ceux de M. Vanneste, qui est virulent et agressif.

Analyse de Charlotte Rotman pour *Libération* (19 juillet 2007)

1. Par exemple: le fait que 2,4 millions d'enfants vivent avec un seul de leurs parents.
2. Dans les années 60 beaucoup de foyers étaient devenus monoparentaux à la suite du décès d'un des conjoints. Aujourd'hui ils ne représentent que 7,5% des foyers monoparentaux.
3. Elles sont le plus souvent composées de divorcé(e)s ou de célibataires.
4. Beaucoup d'entre elles ont un faible niveau d'études et occupent des emplois peu rémunérateurs.
5. Leur situation économique est souvent précaire. Ils gagnent moins, sont dépendants des aides sociales et sont très touchés par le chômage.

Article d'Agnès Leclair paru dans le *Figaro* du 3 mars 2009

1. L'idée est de permettre à une personne qui vit avec un enfant, mais qui n'est ni sa mère ni son père, d'être reconnue et d'avoir un statut légal.
2. Il pense que ce projet de loi est trop radical et qu'un tiers n'est pas un parent. Il propose de donner un statut aux adultes qui s'occupent des enfants ("éducateurs") mais ne veut pas qu'ils soient reconnus comme parents.
3. Pour elle la société a beaucoup évolué et l'homoparentalité en est juste un exemple.

AUTRES FILMS À VOIR

Trois hommes et un couffin (comédie de Coline Serreau, 1985)
1. Les trois hommes deviennent des pères responsables et aimants.
2. Le film est toujours drôle et touchant mais la société a évolué. Dans les années 80 les femmes bénéficiaient de la révolution féministe des années 70. Elles prenaient leur indépendance, travaillaient, divorçaient et découvraient qu'il était difficile de concilier carrière et maternité. Cela est toujours vrai aujourd'hui mais on le sait depuis plus longtemps et le rôle des hommes a été redéfini.

La fleur du mal (comédie dramatique de Claude Chabrol, 2003)
1. Il s'agit d'une famille recomposée dont certains membres ont un passé, et même un présent, trouble.
2. Non, c'est le moins que l'on puisse dire, et c'est un des thèmes du film. Chabrol s'est amusé à fissurer cette famille qui s'accroche aux apparences mais qui n'a pas la conscience tranquille.
3. Le film se demande si la potentielle culpabilité de l'un, pourtant gardée secrète, ne rejaillit pas sur les générations suivantes.

Tanguy (comédie d'Etienne Chatiliez, 2001)
1. Ce sont des « parents poule » qui ont protégé leur fils unique.
2. Tanguy vient d'un milieu très favorisé et il a fait de grandes études. Ses parents ont l'esprit large. Lili vient au contraire d'un milieu moyen, peut-être moins ouvert mais très aimant et attentif. Elle fait des études moins brillantes mais qui, pour ses parents, sont une promotion sociale. Son avenir est moins assuré que celui de Tanguy, surtout si elle ne retourne pas en cours.
3. Il est désormais courant que des jeunes de 25 ou 30 ans vivent toujours chez leurs parents. La prise d'indépendance se fait plus tardivement, même pour certains jeunes qui gagnent pourtant bien leur vie.

Comme les autres (comédie dramatique de Vincent Garenq, 2008)
1. Certains sont très ouverts et accueillants, alors que d'autres, comme la sœur de Manu, ne comprennent pas.
2. Il essaye d'adopter, puis compte sur Fina pour porter son enfant.
3. Il en pose plusieurs : Pourquoi un couple d'homosexuels ne peut-il adopter ? Quelles solutions un homme qui souhaite un enfant a-t-il ? Quelle sera la place de chacun (Manu, Philippe, Fina) dans la vie de l'enfant ?

L'école
Entre les murs

ASPECTS CULTURELS

1. **Le système scolaire : les grands principes**
   1. Cela permet aux parents de choisir entre école publique et école privée. Cela permet aussi la création d'écoles privées.
   2. Il contrôle la qualité des enseignements en étant le seul à pouvoir délivrer des diplômes. C'est une façon de s'assurer que l'enseignement des écoles privées est de bonne qualité.
   3. Cela veut dire que tous les élèves passent les mêmes épreuves les mêmes jours et que les sujets (et donc le niveau) sont harmonisés.
   4. Ce sont deux principes fondamentaux des écoles publiques. Les gens y sont en général très attachés puisqu'ils respectent les idées politiques et religieuses de chacun. Ces principes sont parfois remis en cause (par des démonstrations d'appartenance religieuse notamment) mais ils restent très ancrés.

2. **Le système scolaire : les rythmes scolaires**
   1. Les étudiants sont étonnés de voir que les enfants du primaire n'ont pas école le mercredi, qu'ils ont donc des journées chargées (6h), et ils sont effarés par le nombre d'heures des élèves du lycée !
   2. Ils ont l'impression que les élèves français passent leur temps en vacances !

3. **Le système scolaire : les niveaux d'enseignement**
   1. Peu de pays accueillent gratuitement et de façon aussi structurée les enfants de 3 (ou même 2) à 6 ans.
   2. Le collège est obligé d'accueillir tous les élèves alors que le lycée est un choix. Au lycée les élèves ont de nombreuses options pour personnaliser leur cursus.

4. **Le système scolaire : le public et le privé**
   Dans tous les pays une grande majorité d'élèves est scolarisée dans le public. En Espagne, et en France dans une moindre mesure, un pourcentage conséquent d'élèves est accueilli dans le privé aidé par l'Etat. Le privé indépendant, minoritaire mais bien reconnu aux Etats-Unis, est presque inexistant en France.

5. **Le système scolaire : les ZEP et les inégalités**
   a. **Les ZEP**
   b. **Les inégalités**
   - Les enfants de cadres ont largement plus de chances d'obtenir le baccalauréat que les enfants d'ouvriers. Ceci dit, les inégalités se sont réduites.

Comparons les jeunes nés dans les années 40 à ceux nés dans les années 80. 68% des enfants de cadres obtenaient leur diplôme dans le premier cas alors que 90% des seconds ont réussi. C'est une belle progression mais elle est bien moins impressionnante que celle des ouvriers dont 7% des enfants décrochaient le bac dans les années 40 alors qu'ils sont maintenant 50% à réussir. Il reste du chemin à parcourir mais on peut espérer que cette tendance va se poursuivre.

- Les enseignants ont tous fait des études, et sont à l'aise dans le milieu scolaire qu'ils connaissent. Ils sont donc capables de guider et d'aider leurs enfants. Les ouvriers, en revanche, ont généralement arrêté leurs études très tôt, par obligation ou par choix, et ont souvent eu une mauvaise expérience de l'école. Il leur sera donc plus difficile de transmettre le goût des études à leurs enfants si eux-mêmes ont été en situation d'échec. Enfin les enfants d'enseignants ont souvent un bagage culturel qui fait défaut aux enfants d'ouvriers.

6. **Le système scolaire : les enseignants**
   a. **Formation**
   b. **Leur point de vue**
      1. Les professeurs ne sont pas satisfaits de leurs conditions générales de travail et de l'attitude des élèves.
      2. Les "conditions de travail" est un terme vague qui regroupe des classes trop chargées, un manque de matériel ou de ressources, l'indiscipline des élèves, le manque d'intérêt des parents, des horaires trop chargés pour les élèves (journées trop longues) et un manque de soutien par la hiérarchie.
      3. Dans la liste des causes de l'indiscipline, la seule qui soit directement liée à l'école est les effectifs trop importants. Toutes les autres indiquent que les élèves ne sont pas adaptés à l'enseignement.
      4. Les professeurs aiment travailler au contact des élèves.
      5. C'est paradoxal quand on voit à quel point ils trouvent pénible leur manque de discipline.

7. **Arrondissement de Paris**
      1. Les deux tableaux montrent clairement que les arrondissements aisés sont situés à l'ouest de Paris, tandis que le nord-est de la capitale abrite les quartiers populaires.
      2. On peut supposer que les élèves viennent de milieux moyens ou défavorisés. Traditionnellement, les quartiers populaires attirent les familles à revenus assez bas et les familles immigrées. On peut donc penser que les élèves auront des origines géographiques très variées et qu'ils ne seront pas favorisés culturellement.

Parallèle avec d'autres pays

Le collège: Il y a des différences énormes selon les pays. Si vous avez la chance d'avoir des étudiants étrangers en cours, ils se feront un plaisir d'expliquer leur système scolaire.

L'école comme phénomène de société: C'est certainement différent aux Etats-Unis, où le système scolaire n'est pas centralisé. Les élèves n'ont donc pas les mêmes dates de rentrée et de vacances et les professeurs sont moins unis car ils ne sont pas tous passés par la même formation.

L'importance de la langue comme facteur d'intégration: Les étudiants n'auront pas tous eu la même expérience. S'ils viennent d'une zone rurale et anglophone, ce phénomène ne leur sera pas familier. En revanche certains y seront très habitués. La question peut donner lieu à un débat intéressant dans la classe.

Les jeunes issus de l'immigration: Les réponses dépendront des pays d'origine des étudiants et ils ne seront pas tous d'accord, même s'ils viennent du même pays! Encouragez-les à expliquer clairement leur point de vue, en donnant des exemples précis pour ne pas se cantonner à des généralités.

LE FILM

QUESTIONS GENERALES SUR LE FILM

Les cours:
1. Les élèves sont bruyants et agités. Ils semblent à peine remarquer la présence de leur professeur en début d'heure. Ensuite ils n'hésitent pas à répondre et à provoquer M. Marin.
2. Il est impossible de suivre un plan de cours car les élèves posent d'innombrables questions et les digressions sont constantes.
3. L'aveu de cette jeune fille est terrible parce que c'est le constat d'un échec. Certains élèves, même discrets et disciplinés, ne bénéficient pas de l'enseignement qu'ils reçoivent. Il est clair que leurs chances de réussite ne sont pas aussi bonnes que celles d'élèves dans des collèges favorisés.

Les élèves:
4. En général les professeurs font leurs cours mais connaissent peu leurs élèves au-delà de la salle de classe. Cette distance entre enseignant et enseignés est courante et normale dans les écoles françaises.
5. Wei est chinois et a donc une culture différente des autres. Il ne comprend pas leurs réactions et leur manque de discrétion. Les autres sont français pour la plupart mais Wei, qui est étranger et ne maîtrise pas encore bien le français a une meilleure idée du comportement à suivre.
6. Elles bavardent, mangent des biscuits, s'amusent et rient. Leur attitude est inappropriée et irresponsable.

Les professeurs:
7. Ils semblent un peu angoissés, ne sont pas à l'aise, essayent de s'encourager.
8. François refuse car il pense que c'est trop difficile pour des élèves de 4e.

9. Le prof de techno ne supporte plus ses élèves tellement indisciplinés qu'il ne peut rien leur enseigner. Il est épuisé physiquement et nerveusement. Ses collègues l'entourent et l'écoutent mais n'interviennent pas. Seul un collègue lui propose de sortir, scène à laquelle nous n'assistons pas.

10. Khoumba gagne largement la partie puisqu'elle quitte la salle en affirmant qu'elle ne pensait pas les excuses qu'elle a prononcées. Le professeur la laisse partir et perd la face.

11. Pour le prof d'histoire-géo, la règle est la règle, point final. Si les portables sont interdits en cours, il n'est jamais question de les accepter. François pense au contraire qu'en acceptant d'assouplir les règles on ne passe pas son cours à réprimander les élèves. Cela rend la tâche des collègues plus difficile car il sera plus dur pour eux de faire appliquer le règlement. Ils considèrent peut-être aussi sans le dire que c'est une attitude démagogique.

12. Non, ils pensent simplement que Souleymane a dépassé les bornes et qu'il mérite cette sanction. Il a eu des avertissements dont il n'a pas tenu compte, la punition est donc normale. Le professeur d'histoire-géo se dédouane même en disant que Souleymane n'est pas exclu par le collège, mais qu'il s'est exclu lui-même.

Les parents:

13. Les parents de Wei sont satisfaits de voir que leur fils prend l'école au sérieux. La mère de Buraq aimerait que son fils soit poussé davantage et s'inquiète du niveau. L'agressivité de la mère d'Arthur révèle une mauvaise expérience personnelle de l'école. Elle reporte sur son fils ses mauvais souvenirs. La mère de Souleymane, quant à elle, refuse d'entendre les problèmes. Au lieu d'être confrontée à la réalité elle met fin à l'entretien avec le professeur désemparé.

L'administration:

14. Avec les élèves le proviseur est ferme mais avenant. Avec les professeurs il est bienveillant et compréhensif. Il les soutient et cherche à trouver la meilleure voie.

15. C'est un moment poignant car on sait que les dés sont jetés dès le début. C'est un procès que Souleymane était sûr de perdre.

Le lieu:

16. Le film s'appelle *Entre les murs* car on ne sort jamais de l'établissement. Après la première scène, dans laquelle on voit François au café puis dans la rue, on est en permanence entre les murs de l'école.

17. La cour est presque toujours filmée du haut, ce qui accuse l'impression d'espace clos et resserré. Elle fait penser à une cour de prison avec des détenus en promenade.

QUESTIONS SUR LES THEMES DU FILM

1. L'école

a. Comme on ne voit jamais les élèves à l'extérieur de l'école il est difficile de répondre avec certitude. On peut cependant supposer que les élèves qui ne manient pas bien le français et qui ont de piètres résultats scolaires ne sont pas intégrés. La langue ne fait cependant pas tout car Wei, le Chinois qui ne parle pas encore bien français, a tellement envie de travailler et de réussir que l'on ne s'inquiète pas pour son avenir.

b. Dans les établissements de ZEP, beaucoup d'élèves ont des problèmes liés à la langue. Certains sont étrangers et ne maîtrisent pas encore bien le français. D'autres sont français mais parlent une langue pauvre. Le français étant difficile à écrire correctement, le fossé se creuse encore davantage à l'écrit. Un autre handicap des collèges de ZEP est le fait que les parents ont souvent un niveau d'études moins élevé que ceux d'un collège plus favorisé. Certains parents n'ont pas du tout fait d'études ou ne comprennent rien au système scolaire français. Ils sont donc éloignés de l'école et donc de ce que font leurs enfants pendant la journée. Les enseignants se plaignent aussi de l'agitation, du bruit, du manque de concentration des élèves, phénomènes connus dans tous les collèges mais pires en ZEP. Attention cependant à ne pas noircir le tableau. Il est possible de réussir en ZEP, et certains établissements mettent en place des programmes créatifs et novateurs pour donner plus de chances à tous.

c. Les étudiants auront des opinions variées. Certains pensent que c'est un professeur idéal, qui permet à chacun de s'exprimer et qui enseigne en impliquant les élèves. D'autres n'aimeraient pas être dans sa classe car il manque de rigueur. Certains ont l'impression qu'ils perdraient leur temps dans ses cours.

d. Le rôle de l'école est très large et sa définition en constante évolution. Autrefois les parents avaient un rôle, l'école en avait un autre. Aujourd'hui ces limites sont plus floues. La société demande énormément à l'école qui a, sans doute, le devoir ultime de préparer l'avenir des jeunes qu'elle accueille.

e. Dans les cas où les relations sont tendues entre les jeunes cette séparation serait peut-être bénéfique. Elle donnerait de l'espace à chacun et les professeurs pourraient mieux adapter leur enseignement. Cela ne résoudrait cependant pas les gros problèmes de relations entre garçons et filles qui ressurgiraient à l'extérieur.

f. Pendant longtemps les immigrés étaient plus faciles à intégrer car ils venaient de pays européens. Un Italien comprend et apprend plus vite le français qu'un Maghrébin ou un Chinois. Ils arrivaient aussi à une période de plein emploi où il était facile de trouver du travail, même avec un niveau scolaire très limité. Dans les années 60 ou 70 il n'était pas question pour un immigré de critiquer l'école de ses enfants. Aujourd'hui la donne a changé. Les revendications s'expriment car les élèves ne se reconnaissent pas dans le modèle culturel qui leur est enseigné et imposé.

g. Elle est mitigée. Le film met l'accent sur le dialogue mais ce sont toujours les mêmes élèves qui parlent. Certains réussissent et sont épanouis alors que d'autres sont exclus ou dépassés par l'ampleur de la tâche, comme la jeune fille qui avoue n'avoir rien appris. On a aussi des interrogations sur le niveau des élèves. Ont-ils assez travaillé pour être à l'aise l'année suivante ?

2. **La langue**
   a. Certains sont sans doute à peu près au point, mais dans l'ensemble les lacunes sont énormes : erreurs de syntaxe et de conjugaisons, et certainement beaucoup d'erreurs à l'écrit.
   b. Ce qui compte avant tout, c'est d'avoir le dernier mot, même si on a tort ou si le dialogue est incohérent.
   c. Non seulement c'est par la langue qu'on accède à la littérature, à la culture et au patrimoine, mais c'est aussi, et surtout, un facteur d'intégration. Les collégiens ne se rendent pas compte qu'un français qui emprunte à la langue des cités est un handicap pour trouver un emploi.

3. **La quête d'identité**
   Beaucoup d'élèves sont à cheval sur deux cultures. Ils sont élevés en France mais gardent un lien avec leurs origines. La remarque d'Esmeralda n'a sans doute pas une grande valeur (il est plus facile de déclarer qu'on n'est pas fier de son pays que d'expliquer pourquoi), et l'enthousiasme des garçons pour les équipes du Maroc ou du Mali est une façon de s'affranchir de la France et de se forger une identité.

4. **Ecole et monde extérieur**
   L'école ne peut pas être un vase clos, imperméable au monde qui l'entoure, puisque les élèves arrivent avec leur lot de problèmes et de soucis liés à la société. Le chômage, le divorce, la violence, l'alcoolisme, la maladie, la pauvreté, l'illégalité sont des problèmes de société qui résonnent entre les murs des écoles.

ETUDE COMPLEMENTAIRE

LES LIMITES DE CE FILM

1. **Le comportement du professeur**
   a. Les deux reproches peuvent lui être faits. En effet, François s'exprime parfois avec les élèves comme s'il était des leurs. Beaucoup de professeurs mettent plus de distance entre eux et leurs élèves. Pourtant, malgré son "copinage", on sent bien qu'il est au-dessus du lot, qu'il tire toutes les ficelles et on peut se demander si sa démarche est un choix pédagogique ou s'il est juste démagogique.
   b. Oui et non. Il est facile de dire qu'il faut enseigner le programme (les professeurs sont d'accord en général), encore faut-il s'adapter aux élèves que l'on a devant soi. C'est peut-être le seul moyen qu'a trouvé François pour capter l'attention des élèves et donc leur enseigner quelque chose.
   c. Ce refus n'est pas adroit et donne l'impression que François prend son collègue de haut. Il aurait pu proposer de faire des extraits des livres-clés.

d. Non, François fait ce qui lui semble le mieux adapté, mais il a des failles. Il ne réussit pas toujours à se faire respecter (les fausses excuses de Khoumba), les innombrables questions des élèves le déstabilisent (il est incapable d'expliquer clairement la différence entre langue écrite et langue orale et conclut juste en disant que c'est affaire d'intuition), il a des écarts de langage qui ont des conséquences lourdes, et son attitude compréhensive n'empêchent pas les élèves de se buter contre lui.

e. Ces élèves adorent parler mais tôt le matin ils ont sans doute moins d'énergie et d'enthousiasme pour s'opposer au professeur. Montrer un cours où les élèves s'ennuient serait ennuyeux pour les spectateurs aussi. Le réalisateur a donc privilégié les moments intenses pour animer son film

2. Le but n'était pas de dénoncer mais de faire un constat. Voilà ce qui peut se passer dans un cours, avec une classe donnée et un professeur donné. Le but n'était pas de généraliser et de tirer des conclusions, mais juste d'ouvrir une porte pour permettre à tous ceux qui n'entrent jamais dans l'intimité d'un collège d'y avoir accès

3. Pour cette activité les étudiants devront écrire quelque chose de plausible, qui respecte les personnalités des élèves. Le cours sur la Révolution peut être l'occasion d'un débat houleux. La cour de récréation est un lieu de détente qui peut aussi être le théâtre de violences. Enfin l'infirmière a un rôle d'écoute et de conseil. On peut imaginer un dialogue avec des élèves qui ne sont pas malades mais qui ont besoin de se confier.

UNE SITUATION TYPIQUEMENT FRANÇAISE?

Les situations décrites dans le film sont universelles. Dans la plupart des pays les classes sont hétérogènes, les jeunes issus de l'immigration cherchent leur place, on débat de l'école et de l'égalité des chances, les rapports entre adolescents sont difficiles.

La grande force du film est de ne pas parler des Français en particulier mais des jeunes, de l'école et des relations humaines en général. Chaque pays peut donc établir des parallèles avec sa propre société.

L'AVIS DE LA PRESSE

Article d'Anne Rohou, publié dans le *Direct Matin* le 4 septembre 2008

1. C'est une façon de ré-équilibrer les effectifs dans les deux écoles et cela permet de donner une meilleure chance à certains élèves.
2. Bien évidemment, les parents de l'école plus favorisée ne voient pas les nouveaux élèves arriver d'un bon oeil. Certains parents de l'école Jacques-Tati n'ont pas apprécié que leur école soit stigmatisée.
3. Il espère que les élèves auront progressé, mais aussi que cette expérience permettra aux deux parties de sa ville de mieux se connaître.
4. Il la trouve injuste puisqu'elle ne concerne que 5% des élèves. Au lieu de favoriser quelques élèves, il essaye d'obtenir plus de moyens pour en faire profiter tout le monde.

5. Certains élèves bénéficieraient sûrement d'être dans un environnement plus calme, notamment les élèves discrets qui ont du mal à prendre la parole et à trouver leur place. Les échanges d'élèves permettraient aussi de casser les noyaux durs installés depuis plusieurs années.

Article de Martine Laronche, paru dans *Le Monde* du 14 avril 2009

1. Les élèves touchés par le stress sont de plus en plus jeunes.
2. Les enseignants remarquent que les enfants ont peur de mal faire ou sont découragés.
3. Les parents s'inquiètent pour l'avenir de leurs enfants et veulent leur donner toutes les chances pour réussir à l'école.
4. Certains parents s'inquiètent pour leur enfant, mais ils semblent raisonnables. Leurs préoccupations sont normales.

Article de Sophie Bourdais et Samuel Douhaire publié dans *Télérama* n° 3087 (11 mars 2009)

1. Les filles sont immédiatement classées. Pour être une fille "bien" il faut se couler dans un moule traditionnel qui exclut toute forme de féminité et d'expression.
2. Les garçons se virilisent, et ne recherchent pas la compagnie des filles.
3. S'il était facile de trouver un emploi, les garçons auraient un statut et une reconnaissance sociale. Comme beaucoup sont au chômage ils se sentent déconsidérés et compensent avec des comportements virils et violents.
4. Non, les relations sont délicates partout. Dans les quartiers "moyens" les garçons ont moins recours à la violence mais les filles doivent faire face à des insultes ou à des gestes mal venus.
5. Non, certaines femmes, qui se sont battues autrefois pour avoir le droit de se mettre en pantalon, ne comprennent pas cette initiative qu'elles voient comme un retour en arrière. Il faut bien sûr voir plus loin et comprendre que la société a évolué. Cette journée de la jupe est l'occasion de faire le point et de donner la parole.
6. En théorie, elle prend le problème au sérieux mais en pratique il est difficile de s'assurer que tous les élèves sont traités de la même façon.

AUTRES FILMS À VOIR

L'esquive (comédie dramatique d'Abdelatif Kechiche, 2004)
1. Dans les deux cas il s'agit de jeunes aux origines très diverses et qui viennent de milieux défavorisés, notamment dans *L'esquive*.
2. La différence est flagrante. Ils sont beaucoup plus agités et bavards dans *Entre les murs*. La prof de *L'esquive* est calme et discrète et ses élèves sont souvent apathiques, même s'ils sont capables de se réveiller et de se moquer les uns des autres.
3. Dans les deux cas les élèves parlent beaucoup, et ceux qui gagnent sont ceux qu'on entend le plus. Esmeralda et Khoumba écrasent ceux qui sont étouffés par leurs flots de paroles. De la même façon, Krimo, qui ne sait pas s'exprimer, qui n'est pas à l'aise avec la langue, est le grand perdant du film.

LOL (comédie de Lisa Azuelos, 2009)

1. Lola vit dans un grand appartement où chacun a son espace. Elle va dans un lycée où les relations entre garçons et filles sont plus saines, moins violentes et moins conflictuelles. Le monde qui l'entoure est de façon générale plus calme et plus cultivé.

2. Dans tous les cas ils cherchent à s'exprimer, à être compris et à être acceptés dans le groupe. Leurs humeurs sont changeantes et imprévisibles. Ils testent les limites imposées par les adultes, se rebellent, expriment leur mécontentement. Malgré leurs moments de crise, de bouderie ou de révolte, ils sont gais et ils aiment la vie.

La journée de la jupe (drame de Jean-Paul Lilienfeld, 2009)

1. Les élèves d'*Entre les murs* ne sont pas des anges mais ils sont loin d'être aussi rebelles et violents que ceux de *La journée de la jupe*. En classe ils sont capables de poser des questions pertinentes et d'avoir une discussion avec leur professeur. Les relations garçons-filles sont inexistantes ou violentes dans *La journée de la jupe*. Dans *Entre les murs* elles ne sont pas idéales mais il y a plus d'espoir.

2. M. Marin est constamment dans le dialogue et dans l'échange. Il n'enseigne pas beaucoup mais il communique et laisse les élèves dire ce qu'ils pensent. Mme Bergerac fait face à une classe beaucoup plus difficile à gérer. Elle tente en permanence de s'imposer, de se faire respecter et que les élèves s'écoutent.

3. Les réponses dépendront des étudiants. *La journée de la jupe* est comme un coup de poing qui va ébranler certains étudiants. D'autres seront plus frappés par *Entre les murs* qui leur semble plus proche de la réalité.

Immigration, intégration, banlieues
L'esquive

ASPECTS CULTURELS

1. **Immigration**
    Population selon la nationalité :
    a. Non, la population a augmenté de 51%.
    b. La France comptait moins de Français de naissance en 1999 et beaucoup plus de Français par acquisition (+470%!).
    c. On peut supposer que ces étrangers ne sont pas repartis dans leur pays mais qu'ils ont acquis la nationalité française.

    Immigrés selon le pays d'origine :
    d. Les immigrés venaient principalement d'Europe dans les deux cas, même si c'était beaucoup plus frappant en 1962 qu'en 1999.
    e. La religion catholique est dominante en Espagne, en Italie, au Portugal et en Pologne. Cela explique pourquoi ces immigrés ont choisi de s'installer en France, autre pays principalement catholique.
    f. Alors qu'en 1962 presqu'un tiers des immigrés venaient d'Italie, ils n'étaient plus que 8,8% en 1999. On remarque une tendance inverse pour l'Afrique sub-saharienne: 0,7 à 9,1%.
    g. Les régions qui attirent le plus sont celles qui sont le plus accessibles (pourtour méditerranéen) et celles qui offrent le plus de travail (Ile-de-France, Est et quart sud-est).

2. **Les Beurs**
    a. Les Beurs ont des parents ou grands-parents qui ont émigré d'Afrique du Nord (Maroc, Algérie, Tunisie). Azouz Begag est écrivain et économiste, Yamina Benguigui est cinéaste, Rachida Dati et Fadela Amara sont des femmes politiques, Djamel Debbouze est acteur, Faudel est chanteur (de raï), Smaïn est humoriste et Zinedine Zidane est footballeur.
    b. La France Black Blanc Beur fait référence à la France pluriéthnique. Il s'agit des Français originaires d'un pays africain (Black), des Français de souche (Blanc) et des Français originaires d'Afrique du nord (Beur).
    c. "Beurgeois" est un mot récent qui combien "beur" et "bourgeois". Il décrit les personnes originaires du Maghreb qui ont bien réussi économiquement.

3. **Intégration**
    a. En 1982 une toute petite minorité d'immigrés avait fait des études supérieures. 80% des immigrés n'avaient aucun diplôme, alors qu'ils n'étaient que 45% parmi les non-immigrés. Environ 25% des non-immigrés avaient un diplôme professionnel, contre 10% des immigrés.
    b. Les immigrés sont beaucoup mieux formés aujourd'hui. Ils ne sont plus que 40% à n'avoir aucun diplôme, ce qui est encore beaucoup, mais 33% ont fait des études

supérieures. Cela est très encourageant mais les disparités subsistent entre les immigrés et les non-immigrés, même si elles sont moins criantes qu'en 1982.

   c. Trois points sont frappants :

- Les immigrés sont presque deux fois plus touchés par le chômage que les non-immigrés.
- Les femmes ont plus de risques que les hommes d'être au chômage.
- Pour les hommes, qu'ils soient immigrés ou non, la courbe est en constante augmentation, alors qu'elle s'est tassée pour les femmes, immigrées ou non.

4. Les banlieues

Les disparités sautent aux yeux : les communes les plus riches sont à l'ouest de Paris, avec quelques incursions ailleurs, et les plus pauvres sont concentrées au nord-est. Il en est de même à Paris avec les quartiers les plus cossus à l'ouest.

5. Les cités

Il est impossible de généraliser puisqu'il existe toutes sortes de cités, toutes sortes de banlieues chic, et beaucoup de lieux intermédiaires. On peut toutefois essayer de faire des comparaisons.

	Cités	Banlieues chic
Qualité et confort du lieu de vie (maison ou appartement)	▪ Les gens vivent principalement en appartement ▪ Ils sont en général locataires ▪ Concentration importante de population	▪ Beaucoup de maisons individuelles ▪ Les gens accèdent à la propriété plus facilement
Jardins, espaces verts	▪ Peu d'espaces verts, partagés par de nombreuses personnes	▪ Jardins individuels ▪ Nombreux parcs et jardins publics bien entretenus par la ville
Terrains de sport	▪ En général beaucoup de terrains de foot et de basket ▪ Equipements pour sports collectifs ▪ Gymnases	▪ Equipements variés, d'intérieur et d'extérieur
Lieux culturels et de détente	▪ Bibliothèques, associations pour l'accueil des jeunes	▪ Musées, cinémas, expositions, bibliothèques, clubs
Moyens de transport	▪ Métro et bus (certaines banlieues sont dangereuses le soir)	▪ Métro et bus
Qualité des écoles	▪ Variable: L'éducation étant nationalisée, les programmes et la formation des professeurs sont les mêmes partout. Les problèmes sont dus, entre autres, au manque	▪ Bonne: bien équipées, profs expérimentés, bons résultats au bac, parents souvent impliqués

	de motivation des jeunes et de leurs parents, au manque d'expérience des professeurs (beaucoup de professeurs en début de carrière), et aux problèmes de discipline.	
(In)sécurité	▪ Variable en fonction des cités ▪ Sentiment d'insécurité très répandu	▪ Peu de problèmes, même s'il y a évidemment des risques partout
Relations avec la police	▪ Souvent tendues, on craint la police	▪ Meilleures relations: la police protège

6. Le verlan

Le verlan est un argot codé. On forme des mots en inversant les syllabes (ex: en-vers ➜ ver-lan).

un Arabe	➜ un beur
louche	➜ chelou
un mec	➜ un keum
une femme	➜ une meuf
un Chinois	➜ un Nouache
lourd	➜ relou
cher	➜ reuch
un Français	➜ un Séfran
la cité	➜ la téci (ou la tess)
une fête	➜ une teuf
un truc de fou	➜ un truc de ouf
un truc de dingue	➜ un truc de guedin
bizarre	➜ zarbi

7. Marivaux

a. Marivaux (1688-1763) a écrit une quarantaine de pièces de théâtre (des comédies principalement) et quelques romans. Il fréquentait les salons littéraires, connaissait les grands écrivains de son temps, a été élu à l'Académie française, mais n'a jamais été associé aux philosophes. D'ailleurs, le succès n'est venu qu'au XIXe siècle, bien après sa mort. Ses pièces parlent d'amour, de mensonge, de classes sociales et de préjugés. Marivaux utilise une langue fine et délicate qui a donné un nom: le marivaudage.

b. Silvia craint d'épouser Dorante, le jeune homme que son père, M. Orgon, a choisi pour elle. Elle lui demande la permission de se déguiser en Lisette, sa femme de chambre, pour mieux observer le jeune homme. Comme Dorante a eu la même idée il se présente déguisé en valet, accompagné d'Arlequin, déguisé en Dorante. M. Orgon et son fils Mario sont les seuls à connaître la véritable identité des quatre personnages. Ils laissent faire le "jeu de l'amour et du hasard".

Parallèle avec d'autres pays

1. **Immigration**
   a. Plusieurs aspects sont frappants: la prédominance du bleu (Allemands), la bande rose (Mexique) le long de la frontière mexicaine, la concentration de violet (Afro-Américains) dans le Sud. Les étudiants feront ensuite des remarques plus personnelles en fonction de leur(s) état(s) d'origine.
   b. Ils venaient en très grande majorité d'Amérique centrale et du sud.
   c. Il y a deux grandes types d'états qui accueillent des étrangers: ceux qui sont proches des pays d'origine des immigrants (Californie, Arizona, Texas, Floride) et ceux qui attirent par leur dynamisme économique (New York, New Jersey, Massachusetts, Illinois).
   d. Ces recherches sont passionnantes à faire. Elles sont difficiles pour certains étudiants dont la famille n'a pas d'histoire d'immigration (c'est le cas de beaucoup d'étudiants étrangers). Encouragez ceux qui le peuvent à le faire car ils apprennent beaucoup de choses sur leur famille et sont ravis.

2. **Intégration**

   La France encourage l'intégration en scolarisant tous les enfants dès l'âge de 3 ans. Cela leur permet de parler français très jeune. D'autre part, le port ostentatoire de signes religieux est interdit pour respecter le principe de laïcité. Le but n'est pas une assimilation forcée puisque chacun est libre de parler sa langue, de conserver ses traditions et de pratiquer sa religion, mais de donner aux étrangers les clés pour s'intégrer. Aux Etats-Unis il est tout à fait normal de garder un lien privilégié avec le pays d'origine. Il est d'ailleurs fréquent de se définir comme "Irish-American" ou "Japanese-American", termes qui n'ont pas d'équivalent en français. En revanche, si certains Américains gardent des traditions de leur pays d'origine, très peu en parlent la langue s'ils sont nés aux Etats-Unis.

3. **Cadres de vie**

   Ce phénomène des banlieues sensibles n'existe pas aux Etats-Unis puisque les banlieues sont souvent des lieux de vie agréables. Le centre des villes ("inner-city") est, dans certains cas, le lieu où les plus pauvres se rassemblent. Il faut cependant moduler cette généralisation puisque les banlieues américaines peuvent être extrêmement différentes, avec de belles maisons dans des quartiers très agréables, et des maisons pour plusieurs familles, en mauvais état, dans des quartiers peu sûrs avec des services de piètre qualité (l'école notamment).

QUESTIONS GENERALES SUR LE FILM

Introduction :

1. On le voit se joindre à ses copains mais ne pas rester, faire face à Magalie qui rompt leur relation, on apprend que son père est en prison et on voit qu'il s'entend bien avec sa mère.
2. On la voit en train de marchander avec le tailleur qui a fait sa robe. Elle n'est pas intimidée, elle argumente, insiste, alors qu'il semble assez évident qu'elle a tort. Elle a du caractère et elle s'en sert.

Le théâtre :

3. Frida se fâche pour deux raisons: Lydia est en retard et elle a amené Krimo sans prévenir. Elle est peut-être aussi jalouse de la belle robe de Lydia. Il est évident dans cette scène que les filles s'emportent facilement, qu'elles ne s'écoutent pas et qu'elles hurlent au lieu d'essayer de communiquer. Rachid essaye de calmer les esprits en allant de l'une à l'autre. Il a fort à faire !
4. Krimo acteur :
   a. Krimo ne voit pas comment il pourrait attirer l'attention de Lydia sur lui, et croit que la pièce lui permettra de se rapprocher d'elle. Il soudoie donc Rachid en lui donnant des vêtements de sport et du matériel électronique. Rachid se demande quelle explication il va bien pouvoir donner à la prof, mais c'est beaucoup plus dur pour Krimo. Il est timide, il est maladroit, et il sait que jouer Arlequin ne va pas être une mince affaire.
   b. La première répétition est un désastre: il sait son texte mais il n'articule pas, ne bouge pas, ne montre aucune émotion. Il est très mal-à-l'aise. La deuxième fois il a de la bonne volonté mais il est évident qu'il n'est pas fait pour la scène! Il essaye ensuite d'embrasser Lydia car c'est, après tout, la seule raison pour laquelle il veut faire du théâtre. Il quitte la classe au cours de la troisième répétition car il est humilié, il a honte et il sait bien qu'il est incapable de faire du théâtre.
   c. Krimo est déçu, triste, il se sent exclu, il est désemparé.
   d. Oui et non. C'est un échec car Krimo n'a pas réussi, parce qu'il a été remplacé, et parce qu'à la fin il est seul alors que tous ses camarades sont dans la salle de spectacle. Ceci dit, il a réussi à forcer sa nature pour mettre un costume, apprendre un rôle et se produire devant les autres. C'était trop difficile mais il a essayé. Il a eu la force de faire une chose qui l'oppose à ses copains.
5. Les costumes sont importants au théâtre puisqu'ils aident à sortir de soi, à jouer à être un autre. La robe est très dépaysante pour Lydia. Elle est belle, elle l'a payée elle-même, c'est un événement de la porter. La robe la met en valeur alors que Krimo se sent grotesque dans son costume d'Arlequin. Il est encore plus mal-à-l'aise ainsi et sait que la classe se moque de lui. Ses copains pensent que c'est un "costume de bouffon", alors que les filles admirent Lydia dans sa robe.

6. La prof n'est pas de la banlieue (elle ne parle pas de la même façon, elle vient de l'extérieur comme sûrement la plupart de leurs profs), mais elle croit en eux. Elle donne beaucoup d'elle pour obtenir le meilleur de ses élèves. Elle les respecte mais n'hésite pas à être très franche avec Krimo, au point de le blesser et de l'humilier devant toute la classe. Elle représente le monde adulte, l'autorité, l'école et l'avenir.

7. Pour tous le théâtre est une ouverture sur le monde extérieur: une époque différente, (avec des maîtres et des valets), un langage différent (vocabulaire, structure de phrase, intonation), une gestuelle et des costumes différents. Pour les acteurs c'est aussi l'occasion de se mettre en valeur et d'avoir une plus grande confiance en soi. Ils sont, à juste titre, fiers de leur travail. Enfin l'étude de la pièce permet à tous les élèves de réfléchir à leur propre vie: au XVIIIe siècle les jeunes étaient comme eux: ils tombaient amoureux, hésitaient, s'esquivaient et jouaient avec les sentiments des autres.

Les filles :

8. On comprend que Lydia commence à avoir des sentiments pour Krimo. On remarque que les copines font bloc autour d'elle. Nanou et Frida la défendent, mais Frida comprend Magalie.

9. Nanou voit sans doute le plus clair. Elle a sûrement compris les sentiments de Krimo. Lydia est moins sûre et essaye simplement de rassurer Krimo.

10. D'après Lydia, Krimo lui a juste dit qu'elle était mignonne, et ils ont recommencé à jouer. Les filles ne sont pas complètement dupes et lui reprochent plus tard de créer des problèmes (car elle ne donne pas de réponse à Krimo) et de ne pas avoir été honnête avec elles.

Les garçons :

11. Fathi ne comprend pas pourquoi Krimo n'est plus avec Magalie, pourquoi il fait du théâtre, et pourquoi Lydia a besoin de temps pour réfléchir. Il conseille à Krimo de penser à sa réputation.

Les filles et les garçons :

12. Fathi est violent et menaçant avec elle pour "aider" Krimo. Frida ne se laisse pas impressionner, elle se défend autant que possible mais elle ne fait pas le poids face à lui.

13. Non, Lydia est incapable de réfléchir, et donc de donner une réponse, et Krimo est paralysé par sa timidité et son manque de confiance en lui.

14. Puisque Krimo choisit de ne pas répondre à Lydia, elle repart un peu déçue et les spectateurs partagent ce sentiment. Ceci dit, la musique légère et gaie fait penser que tous les espoirs sont permis!

15. Les garçons et les filles vivent en groupe, mais séparément. Les filles utilisent une langue aussi "fleurie" et agressive que les garçons mais leur expression est plus claire et plus cohérente. Les garçons et les filles ont des réactions violentes et s'enflamment très rapidement mais ils sont tous sensibles. Les filles ont du caractère, elles se battent, elles cherchent leur place et pensent à leur avenir. Elles sont davantage porteuses d'espoir que les garçons.

16. La vie de groupe fait partie de leur culture. Ils vivent en bande pour se sentir protégés, pour se donner de la force et pour avoir un sentiment d'appartenance. Ils se sentiraient vulnérables s'ils étaient seuls, mais le groupe est un poids aussi. Personne ne peut prendre une décision sans être jugé (les copains ne comprennent pas la volonté de Krimo de faire du théâtre, "un truc de bouffon" et le critiquent), et il est difficile d'avoir assez d'espace pour réfléchir (le groupe "met la pression" sur Lydia pour qu'elle donne une réponse). Même quand ils sont dans la voiture, Lydia et Krimo n'ont pas vraiment d'intimité puisqu'ils sont observés par leurs copains. Le groupe est donc soudé, mais toute initiative personnelle est difficile et risque d'être vue comme une trahison.

Les adultes :

17. Les policiers croient avoir affaire à des voyous dangereux, et ils craignent que les jeunes soient armés. La scène est importante pour montrer ce que vivent les jeunes régulièrement et les tensions entre la police et les cités, mais elle n'apporte pas grand-chose à l'histoire. Elle est amenée de façon assez maladroite et fait cliché mais elle était peut-être nécessaire pour que le film ne se termine pas de façon trop optimiste et sentimentale

18. Les parents ne sont présents qu'au spectacle et ne parlent pas. L'autorité est représentée par la prof, la police, le groupe, et les parents même si on ne les voit pas (ex: quand Magalie va dans le couloir pour rompre avec Krimo, on entend sa mère qui lui demande où elle va. Elle est donc présente, même si on ne la voit pas). Même le père de Krimo, en prison, est présent dans sa vie. Krimo lui rend visite régulièrement et affiche ses dessins.

QUESTIONS SUR LES THEMES DU FILM

1. L'immigration
Beaucoup de jeunes sont originaires du Maghreb. D'autres viennent d'Afrique, d'Asie et d'Amérique du sud. Quelques-uns sont français de souche.

2. Les Beurs
Non, on a plus l'impression de voir une "culture jeune" et une "culture banlieue". Les parents et les adultes en général sont dépassés, et les personnes qui ne viennent pas de la banlieue ont du mal à comprendre leur langue et leurs codes.

3. L'intégration
Cela est difficile à dire car on ne les voit que dans leur quartier. Ils ont surtout l'air d'être entre eux, dans leur quartier, avec leurs voisins. On ne les voit pas sortir pour aller à Paris par exemple. Ce qui est frappant c'est la grande mixité ethnique et le peu de mixité sociale.

4. Les banlieues

Si c'était un film sur la banlieue, le but du réalisateur serait de nous documenter, d'apprendre quelque chose aux spectateurs. En réalité, *L'Esquive* se passe dans une banlieue mais le cœur du film est les relations entre les jeunes. Les émois de l'adolescence sont universels, ils ne sont pas liés à la banlieue, même s'il est vrai qu'ils s'y expriment différemment.

5. Les cités

Une cité en béton est loin d'être un cadre de vie rêvé. Les gens vivent trop près les uns des autres, il y a du bruit et pas assez d'espace de jeu et de détente pour les habitants. Il est beaucoup plus difficile de se construire et de s'épanouir quand on y vit que quand on a la chance de grandir dans une maison avec un jardin, du calme et de l'intimité. Il ne faut cependant pas diaboliser toutes les cités. Certaines sont petites et entretenues correctement. Dans certains cas les gens se connaissent bien et peuvent compter sur leurs voisins. Il y a aussi des initiatives intéressantes pour améliorer la convivialité, comme des repas organisés par les habitants, où tout le monde est invité à partager un plat qu'il a apporté. Certaines bénéficient aussi de jardins à partager, ce qui donne aux habitants qui le souhaitent un petit de coin de terre où ils peuvent faire pousser ce qu'ils veulent. Les cités ont donc différents visages, mais restent des lieux que les gens espèrent quitter un jour pour habiter dans un appartement ou une maison plus agréable.

6. L'usage de la langue

La langue de la banlieue est très riche à cause des apports d'autres langues et est en constante évolution. Pour les jeunes cette langue est une façon de se créer une identité car ils sont souvent à cheval sur deux cultures. C'est aussi une façon d'avoir un code que le monde extérieur ne comprend pas. On remarque qu'ils sont tout à fait capables de s'exprimer en français standard: Lydia et la prof, Krimo et sa mère, Fathi et la police par exemple.

7. Marivaux

La pièce est intéressante pour deux raisons. La prof explique que chez Marivaux on est prisonnier de sa condition sociale. On tombe amoureux de gens de la même condition que soi et même les costumes ne cachent pas qui on est. C'est très important pour ces jeunes qui ont du mal à sortir de leur cité. Sont-ils, eux aussi, prisonniers de leur banlieue? L'autre aspect de la question est bien évidemment la mise en abyme des sentiments. Les répliques d'Arlequin sont les déclarations d'amour que Krimo ne sait pas, ou ne peut pas, dire. Le sentiment amoureux n'a pas changé entre Marivaux et les banlieues d'aujourd'hui. Lydia s'esquive, comme Silvia dans la pièce. Elle ne donne pas de réponse à Krimo/Arlequin, même quand celui-ci la presse de le faire

ETUDE COMPLEMENTAIRE

LES LIMITES DE CE FILM

1. Il est impossible de généraliser. Certaines cités sont petites et paisibles, tandis que d'autres sont immenses et dangereuses. Le réalisateur a choisi un quartier entre les deux, où les problèmes sont présents mais n'empêchent pas les habitants de vivre.
2. Ces aspects du film ont été reprochés au réalisateur qui s'est expliqué en disant que Sara

Forestier était simplement la meilleure personne pour le rôle de Lydia. Il ne voulait sans doute pas non plus tomber dans une vision naïve et a cherché à représenter la violence, qu'elle vienne d'un jeune maghrébin ou de la police.

3. Nous ne voyons les jeunes qu'à l'école et entre eux. Nous ne savons donc pas quelle vie ils mènent à la maison et dans quel modèle familial ils sont élevés. Certains se comportent sans doute très différemment avec leur famille.

UNE SITUATION TYPIQUEMENT FRANÇAISE?

On peut facilement imaginer un film similaire aux Etats-Unis ou dans un autre pays. Des jeunes d'un quartier défavorisé répèteraient une pièce d'un auteur qu'ils ne connaissent et ne comprennent pas bien. Les tensions, les sentiments amoureux, les rivalités seraient sans doute très proches.

L'AVIS DE LA PRESSE

Dossier sur les banlieues paru en décembre 2005 dans les *Dossiers de l'Actualité*
   a. On a un sentiment de révolte et de découragement face à cette cité dont tout le monde veut fuir.
   b. Elle a peur de la violence à l'école et dans la cité et elle voit la mauvaise influence exercée par la cité sur ses enfants.
   c. Il veut partir pour ne pas élever ses enfants là. Il est dégoûté par la délinquance et le fait que les dégradations et les violences ne font pas peur aux très jeunes.
   d. Nadia pense que son fils sera mieux encadré par l'école privée et qu'il aura de meilleures influences. S'il se fait des copains sérieux, il aura moins de risques d'être aspiré par la cité.
   e. Mariane est française de souche et en minorité à la cité. Elle se sent exclue et jugée car elle est différente.
   f. Cette remarque serre le cœur car elle résume tous ses espoirs déçus.

Article de Bernard Gorce, paru dans *La Croix* du 7 février 2008
   a. Jacqueline est arrivée de Paris car son logement était trop petit. A l'époque son appartement neuf et moderne était attractif.
   b. Elle aime qu'il y ait des gens d'horizons variés dans sa paroisse, elle ne se sent pas en danger et elle apprécie le fait que sa ville soit bien desservie par les transports en commun.
   c. Elle dit bonjour à tout le monde et bavarde avec les commerçants.
   d. La grande force de Jacqueline est son esprit grand ouvert. Elle apprécie le fait que sa paroisse soit "colorée", elle n'a pas peur des autres et de leurs différences et elle se focalise sur le positif.

Dossier sur les banlieues paru en décembre 2005 dans les *Dossiers de l'Actualité*
   a. Ils en font pour plusieurs raisons : cela les aide à prendre confiance en eux et même à dépasser un problème (le bégaiement), ils y prennent plaisir, certains sont soutenus par leurs parents, un autre y a même trouvé sa voie.
   b. Ils n'approuvent pas ce mode d'expression. Ceci dit, cela a l'avantage de faire parler d'eux et en particulier des discriminations dont ils sont victimes.
   c. C'est une façon d'exprimer ses mécontentements, ses émotions et ses frustrations, et de faire passer le message pacifiquement.

d. Oui, c'est tout à fait envisageable. Ils ont de toute évidence adoré jouer dans la pièce et la représentation a été réussie. De quoi donner envie de continuer.

Article paru dans *Le monde* du 8 novembre 2005
a. Paris-XIII offre de nombreuses possibilités d'études: études courtes ou longues et toute une palette de disciplines à choisir.
b. Paris-XIII manque de personnel technique et administratif, d'argent (problème dû en partie au grand nombre d'étudiants boursiers), de bâtiments, de transports, de logements étudiants et d'enseignants.
c. Les grandes écoles ont beaucoup de moyens et accueillent en majorité des étudiants venant de familles privilégiées. Par opposition, les universités périphériques manquent de tout alors qu'elles forment des jeunes qui en auraient davantage besoin.
d. Il faut trouver un équilibre entre les universités de centre-ville et celles de banlieue en donnant plus d'argent à ces dernières.

AUTRES FILMS A VOIR

Inch' Allah dimanche (tragi-comédie de Yamina Benguigui, 2001)
Très beau film sur le regroupement familial.
1. Il a profité de la loi sur le regroupement familial pour faire venir sa femme, ses enfants et sa mère.
2. Personne ne souhaitait quitter l'Algérie et la famille de Zouina. Ils sont contraints de partir, ce qui rend l'adaptation encore plus dure.
3. Ces appartements étaient sans doute beaucoup plus confortables et modernes que le logement d'Ahmed. Ils se sont dégradés depuis mais à l'époque ils devaient être attractifs. Ils avaient aussi l'avantage de regrouper des gens de même origine, ce qui aurait peut-être évité à Zouina de se sentir si seule.
4. Les réponses seront variées, et la question n'est pas facile. Zouina se bat tellement qu'on peut supposer que ses petits-enfants seront mieux intégrés et ne vivront pas dans une cité. Ceci dit, beaucoup de jeunes des cités sont nés en France de parents nés en France également. Pour nombre d'entre eux il ne s'agit pas d'immigration récente.

Le Gone du Chaâba (comédie dramatique de Christophe Ruggia, 1998)
1. Oui et non. Omar vit dans des conditions qui n'encouragent pas à l'étude. En revanche son père le pousse et le responsabilise, et Omar/Azouz a des facultés intellectuelles largement au-dessus de la moyenne.
2. L'école a un rôle prépondérant dans sa réussite puisqu'elle lui a permis de sortir de son milieu. L'école ne fait cependant pas tout. Les cousins et camarades d'Omar/Azouz vont dans la même école et n'ont pas de bons résultats. La clé du succès est aussi tenue par le père d'Omar/Azouz qui lui fait comprendre pourquoi il doit briller dans ses études.
3. Ces enfants sont arrivés sur le marché du travail dans les années 70, à une époque où il était encore facile de trouver un emploi. On peut donc supposer qu'ils ont travaillé mais sans bagage scolaire il leur a sûrement été difficile d'évoluer. On peut imaginer qu'ils sont restés dans la cité, faute de pouvoir s'offrir mieux, et leurs enfants, nés dans les années 80 et 90 ont souffert des conditions de logement et du faible niveau d'études de leurs parents.

4. On se demande comment le gouvernement a pu faire venir autant de gens sans pouvoir les loger décemment, et comment il est possible que personne n'ait songé aux conséquences à long terme. L'intégration était impossible pour les immigrés. Loin des Français, parqués dans des bidonvilles, puis dans des cités, sans qualification, les immigrés étaient nostalgiques de leur pays d'origine et leurs enfants nés en France cherchaient leur place. Les problèmes d'aujourd'hui sont donc directement liés à ceux d'hier, avec, en plus, un sentiment de révolte que les premiers arrivés ne ressentaient pas.

Mémoires d'immigrés, l'héritage maghrébin (documentaire de Yamina Benguigui, 1998)
Ce film est très long (2h40) mais c'est un témoignage extraordinaire, à montrer absolument.

1. Le film nous permet de mieux comprendre les motivations, les soucis, les blessures, les espoirs de chacun. Ils parlent à la première personne, mais, ensemble, ils forment une mosaïque assez complète.
2. Les réponses seront variées, chacun étant touché par des choses différentes. Beaucoup cependant sont frappés par les pères. Il est rare qu'ils aient l'occasion de se livrer ainsi, de s'exprimer avec pudeur mais sans retenue.

La haine (drame de Mathieu Kassovitz, 1995)
Film phare des années 90, il a marqué son époque.

1. C'est une banlieue déprimante, violente et sans espoir d'avenir meilleur.
2. Ceux de *L'esquive* sont loin d'être des anges mais dans l'ensemble ils ont des centres d'intérêt, ils s'accrochent à la vie et font des projets d'avenir. Dans *La haine* les jeunes semblent complètement perdus, sans repères et sans guide.
3. *La haine* fait le portrait d'une réalité de la banlieue (violence, désespoir), qui existe toujours. Cependant aujourd'hui comme en 1995 beaucoup d'habitants des banlieues ne se reconnaissent pas dans ce film.
4. Kassovitz voulait faire un film coup de poing, qui allait choquer le public et le secouer. Dans *L'esquive* Kechiche voulait au contraire brosser un tableau plus nuancé de la cité avec ses enthousiasmes, ses déceptions, ses joies et ses angoisses.

Wesh Wesh, qu'est-ce qui se passe? (drame de Rabah Ameur-Zaimeche, 2002)
Une autre vision de la cité.

1. La cité ne souffre pas d'une grande violence mais elle est minée par les bandes, le trafic de drogue, les tensions engendrées par la petite délinquance. Les gens n'ont pas d'espoir, ils manquent de projets d'avenir et sont désoeuvrés.
2. Etablissez des comparaisons entre *L'esquive* et *Wesh Wesh*. Comparez:
   - Dans *L'esquive* le lycée ancre les jeunes dans la vie et leur donne un but, même s'ils ont des difficultés. Dans *Wesh wesh* ils passent leur temps à traîner dans la cité. On a moins d'espoir pour eux.
   - Dans les deux films les cités sont des lieux de vie qui ont besoin de travaux pour les rendre plus attrayantes. La cité de *Wesh Wesh* est particulièrement dégradée. Les immeubles sont immenses, il manque des espaces verts et des lieux de détente et d'agrément pour les habitants.

- Les rapports avec la police sont toujours conflictuels mais ils sont bien pires dans *Wesh wesh*. Le réalisateur a, de toute évidence, des comptes à régler et brosse donc un portrait très négatif de policiers brutaux et racistes.
- Dans les deux films les pères sont absents. Celui de Krimo est en prison et celui de Kamel semble usé par la vie et le travail. Il s'accroche à son espoir de retour au pays et laisse à sa femme le soin de gérer la maison et les enfants.
- Dans les deux cas ce sont des femmes françaises qui servent de lien entre le monde de la cité et l'extérieur. La prof tente d'intéresser ses élèves à la langue et la littérature en passant par le théâtre. Elle semble bien acceptée par la communauté. Irène est au contraire rejetée par la mère de Kamel qui ne veut pas d'une Française pour son fils.

Autres films à voir si vous en avez l'occasion:

De l'autre côté du périph' (comédie dramatique de Bertrand Tavernier, 1998)
Le thé au harem d'Archimède (comédie dramatique de Mehdi Charef, 1984))
Vivre au paradis (drame de Bourlem Guerdjou, 1999)
Pierre et Djamila (histoire d'amour dramatique de Gérard Blain, 1986)
Etat des lieux (comédie dramatique de Jean-François Richet, 1995)
Cheb (comédie dramatique de Rachid Bouchareb, 1991)
La faute à Voltaire (comédie dramatique d'Abdellatif Kechiche, 2001)

La France dans l'Union européenne

L'auberge espagnole

ASPECTS CULTURELS

1. **Généralités sur l'Europe**
   a. Il y a 27 pays dans l'Union européenne.
   b. L'Union européenne a trois capitales : Bruxelles, Luxembourg et Strasbourg.
   c. La population globale de l'Union européenne est de 500 millions d'habitants. Il y en a 306 millions aux Etats-Unis.

2. **Histoire de l'Union européenne**
   Mai 1950 : Déclaration de Robert Schuman appelant à la mise en commun des productions de charbon et d'acier de la France et de l'Allemagne, au sein d'une organisation ouverte aux autres pays d'Europe.
   Avril 1951 : création de la CECA (Communauté européenne du charbon et de l'acier) par six pays : la République fédérale d'Allemagne (RFA), la Belgique, la France, l'Italie, le Luxembourg et les Pays-Bas.
   Mars 1957 : création de la CEE (Communauté économique européenne) **et de l'EURATOM (**Communauté européenne de l'énergie atomique)
   Janvier 1973 : L'Europe à 9 : adhésion du Danemark, du Royaume-Uni et de l'Irlande.
   Janvier 1981 : L'Europe à 10 : adhésion de la Grèce
   Janvier 1986 : L'Europe à 12 : adhésion de l'Espagne et du Portugal.
   Janvier 1995 : L'Europe à 15 : adhésion de l'Autriche, de la Finlande et de la Suède
   Mars 1995 : Entrée en vigueur des accords de Schengen sur la suppression progressive des frontières et la libre-circulation des personnes.
   Janvier 1999 : L'euro devient la monnaie unique de 11 états de l'Union européenne
   Janvier 2002 : Mise en circulation des billets et des pièces en euro.
   Mai 2004 : L'Europe à 25 : adhésion de Chypre, de l'Estonie, de la Hongrie, de la Lettonie, de la Lituanie, de Malte, de la Pologne, de la République tchèque, de la Slovaquie, de la Slovénie.
   Juin 2004 : Très difficile adoption du projet de Constitution européenne qui doit être ratifiée par chacun des États d'ici la fin 2006.
   Mai-juin 2005 : la France et les Pays-Bas rejettent par référendum le projet de

Constitution européenne

Janvier 2007 : L'Europe à 27 : adhésion de la Roumanie et de la Bulgarie

Décembre 2007 : signature du traité de Lisbonne pour modifier et moderniser les traités en place

3. **Elargissement de l'Union européenne**
   a. La Croatie, la Macédoine et la Turquie ont posé leur candidature.
   b. La Bosnie Herzégovine, la Serbie, le Monténégro et l'Albanie sont les candidats potentiels.
   c. La Suisse, la Norvège et l'Islande ne souhaitent pas faire partie de l'Union.

4. **Les langues dans l'Union européenne**
   a. Le Luxembourg est un pays minuscule coincé entre la France et l'Allemagne. Il est capital d'apprendre ces deux langues, ainsi que l'anglais.
   b. Ce sont tous des pays qui parlent une langue très peu apprise par les autres Européens.
   c. Ce sont deux pays anglophones et ils ont peut-être le sentiment que cela suffit pour être compris partout. C'est un sentiment répandu aux Etats-Unis aussi. Dans certaines écoles les langues sont optionnelles, elles n'ont donc pas une grande importance.

5. **Les langues régionales en Europe**

   Espagne : le catalan
   France : le breton
   Norvège, Suède, Finlande, Russie : le same
   Pays-Bas et Allemagne: le frison
   Pologne : le kachoube
   Royaume-Uni : le gallois
   Suisse : le Romanche

6. **Erasme**
   a. Il était néerlandais. Il venait de Rotterdam.
   b. Il a vécu au XVe siècle.
   c. Il a profité de la fin d'une longue période de guerre pour voyager et vivre dans plusieurs pays européens, notamment l'Italie, la France, la Suisse et l'Allemagne. Il a toujours refusé la protection des souverains d'Europe pour être libre de ses mouvements et de ses écrits.
   d. Il croyait que l'Europe pouvait être unie et respectueuse de ses voisins, une notion nouvelle et idéaliste à son époque.

7. **Programme Erasmus**
   a. Il existe depuis 1987.
   b. 200.000 étudiants profitent chaque année du programme Erasmus.
   c. Non, il s'adresse aussi aux enseignants.
   d. Non seulement l'étudiant va améliorer ses compétences linguistiques et avoir une meilleure connaissance du pays d'accueil, mais il va aussi prendre confiance en lui et revenir plus indépendant.

e. Observez maintenant la carte ci-dessous sur la mobilité des étudiants Erasmus.
- Ce sont les pays les plus peuplés (Allemagne, France, Espagne, Italie) qui envoient le plus d'étudiants.
- Les Anglais ne se passionnent pas pour les langues étrangères et ont une attitude plus réservée face à l'Europe. Cela explique peut-être le peu d'enthousiasme suscité par Erasmus.
- L'Espagne, la France, l'Allemagne et le Royaume-Uni sont les pays qui accueillent le plus de jeunes. On peut supposer qu'ils ont déjà étudié la langue du pays d'accueil et qu'ils sont donc plus attirés par le pays et sa culture.

8. Barcelone

Barcelone est une grande ville du nord-est de l'Espagne. Elle est au bord de la Méditerranée. C'est une ville très ancienne (elle remonte à l'Antiquité), au patrimoine architectural riche. On y trouve aussi bien une cathédrale médiévale que la Sagrada Familia de Gaudí. Barcelone est dynamique, animée et résolument tournée vers l'avenir. Elle a accueilli les Jeux Olympiques d'été en 1992 et encourage le tourisme. Barcelone est la capitale de la province de Catalogne, on y parle donc catalan. En fait, tout le monde parle espagnol (castillan) et 70% de la population parle aussi le catalan.

PARALLELES AVEC LES ETATS-UNIS

1. Les réponses des étudiants seront variées. S'ils répondent non, encouragez-les à expliquer pourquoi. Certains évoqueront des raisons financières, d'autres un manque de temps, d'autres n'auront pas de raison précise ou préféreront ne pas les expliquer.
2. Demandez aux étudiants de bien expliquer leurs préférences en insistant sur les avantages et les inconvénients de chaque situation.
3. Les étudiants diront qu'ils ont peur de se sentir perdus au début, qu'ils ne connaîtront personne, qu'ils devront se débrouiller tout seuls, que tout leur semblera étrange, que la nourriture sera différente, et ils auront peur de ne rien comprendre pendant les premiers cours.
4. Là encore, chaque solution a des avantages et des inconvénients auxquels les étudiants devront réfléchir.

LE FILM

QUESTIONS GENERALES SUR LE FILM
Les débuts de l'aventure :

1. Xavier a fait des études d'économie et se destine à une belle carrière. Son père a un ami au Ministère des Finances qui pourra l'aider pour son premier emploi. Il est encore loin du Xavier qu'il va devenir.
2. Xavier doit faire face à l'administration : dossiers à remplir, justificatifs à fournir, rendez-vous et déplacements. Il doit aussi quitter sa famille, sa petite amie et sa routine.
3. Comme Xavier n'a pas de logement, il passe quelques jours chez Jean-Michel et Anne-Sophie, qu'il vient de rencontrer et avec lesquels il n'est pas à l'aise. Son espagnol n'est pas brillant, il ne connaît personne, il passe du temps à visiter des appartements qui ne lui conviennent pas et il est surpris par les cours en catalan.

L'appartement et la cohabitation :

4. L'appartement est habité par des jeunes très sympathiques et accueillants malgré l'entretien qu'ils lui font passer. Il s'y sent tout de suite bien et se reconnaît dans le bazar ambiant.

5. Dans l'ensemble la vie est gaie et décontractée. Les colocataires s'entendent bien et ressemblent à une grande famille. Cela ne veut pas dire qu'il n'y a pas de tension. Wendy s'énerve car les garçons ne font jamais le ménage, il n'y a pas assez de place (frigo surchargé, chambre partagée) et ils doivent supporter les sautes d'humeur des autres. C'est malgré tout un endroit chaleureux où chacun a sa place.

6. Martine est passablement désagréable. Elle est agressive et critique tout. Xavier est tiraillé entre le plaisir de la revoir et l'envie d'être avec ses camarades. Ils ne partagent pas la même expérience et ne sont plus sur la même longueur d'ondes.

7. Cette scène est amusante et révélatrice de la cohésion du groupe. Quand un des membres a besoin d'aide, les autres répondent présent.

8. Le personnage de William est important car il sert de faire-valoir aux autres jeunes. On apprécie davantage leur largesse d'esprit lorsque William fait des commentaires désobligeants sur les différentes nationalités. Les autres, au contraire, sont accueillants, ouverts et respectueux.

Xavier :

9. Xavier rentre à Paris avec l'espoir de renouer avec Martine. Non seulement il échoue mais en plus il se dispute avec sa mère.

10. Cette scène est étrange. On peut supposer que Xavier a eu une overdose d'expériences depuis qu'il est en Espagne et qu'il a besoin de les organiser dans sa tête. La scène prête à débat car elle n'est pas claire.

Les adieux et le retour :

11. Les deux scènes sont difficiles mais elles le sont pour des raisons différentes. Quand Xavier quitte sa mère et Martine il est anxieux de partir vers l'inconnu alors qu'à la fin il sait qu'il tourne une page. L'anxiété a fait place à la nostalgie.

12. Ce que les jeunes ont vécu à Barcelone est unique et ne se reproduira pas. On espère qu'ils se reverront en sachant que la dynamique sera différente. Il suffit de voir *Les poupées russes* pour les retrouver mais le contexte est différent.

13. Xavier a du mal à partager son expérience. Il ne sait pas, ne peut pas ou ne veut pas raconter. C'est peut-être aussi une façon de garder ses souvenirs intacts. Comme il ne s'entend pas avec sa mère il n'a pas non plus envie de fournir le moindre effort.

14. La réadaptation est loin d'être facile. Il est loin de ses amis et de la vie de groupe, il doit prendre des décisions et Paris, qui est pourtant le rêve de millions de gens, lui semble gris et vide.

QUESTIONS SUR LES THEMES DU FILM

1. Pour l'étudiant gabonais-espagnol il est tout à fait possible d'avoir deux identités. Elles se cotoient sans être en opposition. Les deux langues et les deux cultures sont une richesse, pas un handicap. C'est une évidence pour tous les gens bilingues et biculturels (que ce soient des langues et des cultures nationales ou régionales) mais cela peut paraître compliqué aux étudiants. Si vous avez dans vos classes des jeunes qui peuvent témoigner, encouragez-les à le faire. Les autres les verront ensuite d'un autre œil.

2. C'est une année de rupture entre la vie d'avant et la vie d'après. En partant un an ils se sont prouvés, et ont prouvé aux autres, qu'ils étaient capables de vivre cette expérience. Ils ont appris l'espagnol, se sont ouvert l'esprit grâce à leurs colocataires de différentes nationalités et ils ont pris le temps de mûrir et de réfléchir à leur avenir. Pour Xavier l'impact est considérable puisqu'il change radicalement de voie. C'est souvent une année qui permet aux jeunes de s'affirmer et d'entrer dans le monde des adultes.

3. C'est difficile à mettre en place mais si tous les jeunes avaient l'occasion de voyager le monde serait sans doute plus tolérant. Il est utopique d'obliger tout le monde à voyager mais si Erasmus était élargi de façon à inclure davantage de jeunes (de tous les milieux notamment) les pays d'Europe en bénéficieraient à long terme.

ETUDE COMPLEMENTAIRE

LES LIMITES DE CE FILM

1. Les jeunes sont beaux, sympathiques, ouverts, tolérants et viennent de 7 pays différents. C'est un portrait très optimiste de l'Europe mais le film est une comédie et son but est de dresser un portrait positif des échanges européens. Il lui fallait donc des personnages heureux de vivre.
2. Klapisch était bien conscient du risque et a cherché à éviter les clichés. Il y en a bien quelques-uns (l'Allemand ordonné, l'Italien désorganisé) mais il a plutôt utilisé le personnage de William comme vecteur de clichés.
3. Xavier est le fil conducteur du film. Les spectateurs adoptent son point de vue et c'est donc le centre du film. Il aurait été intéressant de développer les autres personnages, notamment Soledad et Lars qui sont marginaux.
4. Anne-Sophie n'apporte pas grand-chose au film. Certes elle permet de voir Xavier à l'extérieur du groupe mais il aurait peut-être été plus judicieux de supprimer ce personnage pour se concentrer sur le groupe de colocataires. D'autres relations auraient pu se nouer, et on aurait pu les suivre dans des sorties ou des balades qui auraient enrichi leur expérience.
5. Aujourd'hui les pays d'Europe de l'est envoient beaucoup de jeunes étudier à l'étranger grâce à Erasmus. A l'époque du film cela ne se faisait pas encore puisque les pays d'Europe de l'est sont entrés dans l'Union en 2004.
6. Il aurait été très intéressant d'avoir plus de scènes liées à la vie universitaire mais ce n'est pas ce qui compte le plus pour Xavier. Il apprend plus et mûrit davantage grâce à sa vie sociale. Dans le programme Erasmus, la vie quotidienne, les rencontres, les voyages sont souvent plus marquants et enrichissants que les études.
7. Dans une famille la vie aurait sans doute été très riche culturellement. Il aurait fait plus de progrès en espagnol et aurait fait l'expérience de la culture au jour le jour. La vie en cité avec des Espagnols aurait sûrement été amusante et intéressante car il se serait lié avec des jeunes de son âge et il aurait beaucoup parlé espagnol. En revanche, partager un appartement avec des Français l'aurait empêché d'avoir une expérience en immersion.
8. On peut supposer que certains membres du groupe sont repartis dans leur pays et que les autres ont un peu de vague à l'âme. Ils pourraient organiser un bon dîner où chacun apporte un plat festif et typique de son pays. Ils pourraient aussi décorer l'appartement et échanger des cadeaux.

9. Xavier aurait peut-être eu moins de temps pour Anne-Sophie ou pour bavarder avec ses camarades. S'il avait été plus encadré par le travail il aurait peut-être persisté dans la voie de l'économie.
10. De Barcelone il est très facile de visiter d'autres grandes villes d'Espagne et du sud de la France en train. La côte méditerranéenne est toute proche et les Pyrénées permettent de belles excursions en montagne.

UNE SITUATION TYPIQUEMENT FRANÇAISE / EUROPEENNE?

1. Les étudiants trouveront sans doute des points communs entre les colocataires et leurs camarades de chambre. La dynamique de vie dans un espace partagé avec ses joies et ses contraintes leur sera familière.
2. L'appartement n'attire pas par son style mais par les gens qui y vivent. Aux Etats-Unis les appartements des étudiants qui vivent à l'extérieur du campus ressemblent souvent à celui du film !
3. Les étudiants penseront sans doute aux dossiers qu'ils ont dû remplir pour être accepté à l'université. La bureaucratie est lourde partout et elle est souvent inefficace.
4. Certains étudiants ont très peur de partir un semestre ou un an à l'étranger alors qu'ils ont fait un effort énorme pour aller vivre sur leur campus. Bien sûr ils sont dans le même pays et ils parlent anglais mais ils ont dû s'habituer à être loin de leur famille, à partager une chambre avec un(e) inconnu(e), à s'organiser seuls, à assister à des cours qui ne ressemblent pas à ceux du lycée. Ils ont une expérience différente de celle de Xavier mais c'est peut-être aussi difficile et certainement aussi fondateur.

LA PAROLE À...

1. Mathilde voulait surtout progresser en espagnol alors que pour Frédéric l'exotisme du lieu et la possibilité de voyager étaient des critères importants.
2. A part quelques péripéties au début ils se sont tous les deux vite sentis à l'aise.
3. Mathilde a été surprise par les locaux et le rythme et Frédéric a trouvé les rapports profs-étudiants très différents de ce qu'il connaissait en France.
4. Mathilde a apprécié le climat et les plages. Frédéric aimait se sentir en sécurité et a profité de la richesse culturelle environnante. Tous deux ont trouvé la vie moins chère qu'en France, ce qui leur a permis d'en profiter davantage.

LECTURES

Interview d'Olivier Galland parue dans *L'express* du 10 juillet 2008
1. Ils sont plus attachés à leur région qu'à leur pays ou à l'Europe.
2. Les jeunes ont peur pour l'avenir et ils ne voient pas l'Europe comme une aide mais plutôt comme une institution qui risque d'aggraver leur situation.
3. Non, elles sont trop abstraites alors que les jeunes, et les gens en général, ont besoin de concret, de politiques qui les concernent.

4. Il faut encourager la mobilité, inclure tous les jeunes et faire de la publicité pour qu'ils soient bien informés. Il propose deux mesures précises : encourager les jeunes à se déplacer vers les pays où il est plus facile de trouver du travail et organiser des échanges culturels basés sur la musique.

Article de Karine Lambin publié dans le *Monde* du 10 novembre 2008

1. Le nombre d'étudiants qui en profitent n'augmente pas autant qu'espéré.
2. Les pays qui sont entrés dans l'Union européenne récemment profitent du programme Erasmus en envoyant beaucoup d'étudiants.
3. Il y a deux raisons qui expliquent que les jeunes hésitent : ils craignent que leurs études à l'étranger ne soient pas reconnues par leur université et il est difficile d'obtenir des aides financières.

Article de Mathieu Oui extrait de *L'étudiant* – 2007

1. Certains auront la possibilité d'améliorer leur anglais en vue de l'examen du TOEIC et tous auront l'occasion de cotoyer et de s'adapter à d'autres cultures, ce qui leur sera très utile dans leur vie professionnelle.
2. L'Europe de l'est offre des débouchés très intéressants.
3. Il faut privilégier des avantages concrets, comme les facilités à trouver un emploi, plutôt que les statistiques glorieuses qui n'ont pas d'impact direct sur les étudiants.

AUTRES FILMS A VOIR

Le péril jeune (film de Cédric Klapisch, 1995)

1. Le film est très ancré dans les années 70. Les événements de mai 68 sont encore bien présents dans les esprits et les jeunes s'organisent, manifestent, se rebellent pour faire entendre leurs voix. Certains craignent le chômage (une notion nouvelle à l'époque) et les filles veulent se faire une place dans la société en travaillant. Contrairement aux garçons, le travail est une libération pour les filles. Les années 70 ont été très marquantes pour les femmes avec, entre autres, la loi autorisant l'IVG (Interruption Volontaire de Grossesse) en 1975.
2. La différence entre les jeunes des deux films est frappante. Dans le premier ils veulent réformer la société et changer le monde. Certaines idées sont utopistes mais d'autres sont en voie de réalisation, notamment en ce qui concerne le droit des femmes. Dans *L'auberge espagnole* les jeunes ont beau vivre en groupe, ils sont plus centrés sur eux-mêmes. Les grands combats de société n'ont plus cours.

Les poupées russes (comédie de Cédric Klapisch, 2005)

1. Personne, à part William, n'a trouvé l'âme sœur et certains ont un parcours professionnel chaotique. Les expériences de Xavier sont amusantes pour le spectateur mais il n'est pas encore stable. Quant à Martine, elle cherche à sauver la planète…
2. William est sans doute le personnage qui a le plus changé. Il a mûri et a l'esprit beaucoup plus large qu'avant. Il est fort possible que son voyage à Barcelone lui ait permis d'entrevoir l'avenir différemment.

3. Ils ont, pour la plupart, besoin de temps. Ils finiront tous par tracer leur sillon. Klapisch n'a pas écarté la possibilité de réaliser un 3e volet à la saga, donc on retrouvera peut-être nos personnages un jour !

Les amitiés maléfiques (drame d'Emmanuel Bourdieu, 2006)
1. Les jeunes des deux films sont souvent en groupe car c'est un moyen de se rassurer. Le groupe protège du monde extérieur.
2. Xavier et Eloi ne font pas les mêmes études et n'ont pas les mêmes expériences mais tous deux trouvent leur voie dans la littérature. La route est moins droite pour Xavier, alors qu'Eloi accède rapidement au succès.
3. Dans les deux films les jeunes pensent d'abord à eux. Ils pensent à leur avenir, à leur carrière, à leur succès et le monde extérieur semble avoir peu de prise sur eux.

Tanguy (comédie d'Etienne Chatiliez, 2001)
1. Tous deux ont des diplômes mais ont du mal à faire des choix de carrière.
2. Les deux garçons ont des parents aimants et attentionnés. Ceux de Tanguy sont juste arrivés au point où ils ne peuvent plus supporter que Tanguy prenne leur maison pour un hôtel-restaurant où il peut inviter n'importe qui sans prévenir.
3. Les gens d'un certain âge ont du mal à se retrouver dans cette jeunesse gâtée et égocentrique. Pour les gens qui ont quitté l'école à 14 ans, qui ont travaillé à l'usine, qui ont vécu la guerre ou qui ont tout simplement fondé une famille à 20 ans, les problèmes existentiels des jeunes du film semblent bien superficiels.

Le monde du travail et de l'entreprise
Les 35 heures

Ressources humaines

ASPECTS CULTURELS

1. Les 35 heures
- a. En 2000, Martine Aubry, ministre de l'Emploi dans le gouvernement de Lionel Jospin, a fait passer la semaine de travail de 39 à 35 heures par semaine.
- b. Cette loi a fait beaucoup de vagues car les patrons et les hommes politiques de droite s'inquiétaient de son application. Comment les entreprises allaient-elles gérer ce changement? Certains salariés ne voulaient pas travailler moins en gardant leur salaire, mais travailler plus et toucher des heures supplémentaires. Les syndicats étaient furieux que Martine Aubry ne les ait pas consultés davantage.
- c. Les jours de RTT sont des jours de congé gagnés grâce à la réduction du temps de travail de 39 à 35 heures. Selon l'entreprise et le souhait des salariés, les schémas sont divers. Certains continuent à travailler 39 heures par semaine, et bénéficient donc de 25 jours de RTT par an. D'autres travaillent 37h30 par semaine et ont 15 jours de RTT. D'autres encore font 35 heures et n'ont donc aucun jour de RTT.
- d. Le sondage
- e. Beaucoup de Français aimeraient avoir la possibilité de travailler plus pour gagner plus. Ceci dit, ils ne veulent pas non plus que cela soit trop fréquent. Ce qu'ils regrettent surtout, c'est la flexibilité qui a disparu avec la mise en place des 35 heures.
- f. Le grand aspect positif des 35 heures est le fait que les gens ont plus de temps qu'ils peuvent consacrer à leurs proches ou à leurs loisirs.

2. Travail et temps libre
- a. Autrefois le travail définissait la personne. Aujourd'hui, ce sont leurs loisirs qui les rendent intéressants, pas leur travail.
- b. Sous l'Ancien Régime les gens passaient leurs jours chômés ensemble. Comme il s'agissait de fêtes religieuses, ils se retrouvaient pour célébrer. Aujourd'hui nous avons plutôt tendance à faire des activités seuls ou en petits groupes (dans la cellule familiale en particulier).
- c. Les gens ont la possibilité d'explorer le monde autour d'eux pour mieux se définir. Ils ont le temps de faire cette recherche.

3. Les syndicats

a. Les syndicats (qui sont autorisés en France depuis 1884) ont pour mission de défendre les intérêts des personnes qu'ils représentent. Ils se battent en général pour des augmentations de salaires, pour l'amélioration des conditions de travail (horaires, congés), et contre les licenciements.

b. Le taux de syndicalisation a fortement chuté. Il est passé de 28% en 1950 à 8% en 2005.

c. La France est le pays d'Europe où le taux de syndicalisation est le plus bas. Les étudiants sont très surpris par ce tableau car ils ont l'impression de souvent entendre parler des syndicats. En fait, même si peu de gens sont syndiqués les syndicats sont très voyants car ils organisent beaucoup de mouvements sociaux.

Vrai ou faux?

- Le taux de syndicalisation a beaucoup baissé en 60 ans car la classe ouvrière a diminué. **VRAI**
- Beaucoup de Français pensent que les syndicats ont une attitude trop idéologique et qu'ils ne les représentent pas. **VRAI**
- Il y a plus de salariés syndiqués dans le secteur public que dans le secteur privé. **VRAI**

---

4. Le droit de grève

Le premier pas a été fait en 1864 avec l'abolition du délit de coalition. Cela permettait de faire grève, même si le droit de grève n'est inscrit à la Constitution que depuis 1946.

5. Le chômage

1. 1er tableau
   a. Les jeunes sont les plus à risque.
   b. Oui, il y a une différence énorme entre les ouvriers (12,5%) et les cadres et professions intellectuelles supérieures (4,9%).

2. 2e tableau
   a. 49,2% des femmes sans diplôme ou avec le brevet sont au chômage 1 à 4 ans après la fin de leurs études, alors que les hommes qui ont fait des études supérieures ne sont que 2,3% à rechercher un emploi 5 à 10 ans après leurs études.
   b. Le taux de chômage a augmenté dans toutes les catégories, parfois de façon frappante, notamment pour les hommes.

6. La classe ouvrière

La classe ouvrière souffre de nombreux maux. Certains ne sont pas nouveaux: angoisse du chômage, fatigue physique et nerveuse, manque de reconnaissance sociale, sentiment d'être dévalorisé. D'autres sont apparus plus récemment. En effet, les ouvriers ne font plus que 35 heures mais les cadences sont difficiles à suivre, ce qui accroît le stress. L'autre grand fléau est le fait que les liens sociaux sont distendus et les ouvriers sont souvent en concurrence au lieu d'être soudés. Autrefois les dirigeants avaient devant eux une classe ouvrière structurée, organisée et puissante. Aujourd'hui elle ne l'est plus donc elle est plus facile à manipuler

7. Les grandes écoles

Il existe toutes sortes de grandes écoles, et certaines sont beaucoup plus prestigieuses que d'autres. Alors que les universités acceptent les étudiants juste après le baccalauréat, les grandes écoles exigent souvent une préparation intensive et difficile de deux ans. Les étudiants sont ensuite sélectionnés sur concours et entretien. Parmi les grandes écoles on distingue, entre autres, des écoles d'ingénieurs (Polytechnique, Centrale, les Mines, Supélec), des écoles de commerce et de gestion (HEC, ESSEC, ESCP, les ESC), des écoles militaires (Polytechnique, Saint-Cyr, SUPAERO), des écoles normales supérieures ("Normale Sup"), des instituts d'études politiques (Sciences Po et les IEP de province).

8. Le fossé lié aux études

Les parents de Franck sont très fiers de lui mais la réussite a un coût. Il est en effet difficile pour un jeune de changer de classe sociale. Il risque de sentir une distance entre lui et sa famille et ses anciens amis, et peut-être même de la jalousie. Après ses études il voit le monde de façon différente. Il a cotoyé beaucoup de gens, ce qui lui a ouvert l'esprit. Cependant il risque de ne pas être à l'aise avec les cadres car ils n'ont pas la même culture. Il n'a pas été élevé comme eux, n'a pas les mêmes passe-temps, n'est pas parti en vacances dans les mêmes endroits. L'ascenseur social fonctionne donc mais le revers de la médaille est parfois amer.

PARALLELES AVEC LES ETATS-UNIS ET D'AUTRES PAYS

1. Le temps de travail par semaine

La France est dans le groupe des pays qui travaillent le moins. Cela ne surprendra personne… En revanche les étudiants seront surpris de voir que l'Allemagne travaille encore moins (c'est un pays qui a la réputation d'être sérieux!). Ils seront déprimés à l'idée de travailler près de 1800 heures aux Etats-Unis !

2. Les syndicats aux Etats-Unis

Les Américains ont une opinion largement favorable de leurs syndicats. Si les étudiants connaissent des gens qui sont syndiqués, insistez pour qu'ils leur posent des questions. Beaucoup d'étudiants n'ont que des notions très vagues sur le syndicalisme. C'est l'occasion de mieux comprendre ce qui se passe aux Etats-Unis pour mieux comparer avec la France.

3. Le chômage

    a. La France est en mauvaise posture, à égalité avec l'Allemagne.
    b. Les pays les moins touchés par le chômage sont le Japon, le Royaume-Uni et les Etats-Unis.
    c. Le taux de chômage allemand a triplé entre 1980 et 2005. Il a aussi doublé au Japon mais il reste très bas.

QUESTIONS GENERALES SUR LE FILM

Les parents:

1. Le père s'inquiète pour son fils, le remet à sa place, lui prodigue des conseils et le secoue quand il veut dormir. La mère est plus douce et compréhensive. Elle le félicite (tu as un beau costume, tu es un beau garçon), a confiance en lui, demande à son mari de le laisser tranquille et lui apporte des vêtements quand il n'habite plus chez eux. A la fin, c'est elle qui fait un effort pour lui tendre la main.

2. C'est très symbolique: Franck est parti, et a donc perdu l'espace qui était à lui. Bien que ses parents soient fiers de lui, ils l'ont en partie remplacé par leurs petits-enfants.

Le patron:

3. Il commence par le présenter à la réunion en le glorifiant, puis le ramène chez lui en voiture, l'encourage, le conseille et lui confie qu'il pourra l'aider à trouver du travail.

Le père:

4. Jean-Claude apprécie ce qu'il a, même si c'est peu. Il est fier de son travail, de sa machine, et du fait qu'il a sa place à l'usine et dans la société. Son travail lui donne une dignité. Il le respecte, même s'il veut autre chose pour son fils.

5. C'est un espace de tranquillité où Jean-Claude travaille à son rythme et seul. Il est son propre patron et peut choisir ce qu'il veut faire. C'est un passe-temps qui lui plaît et qu'il trouve gratifiant.

6. Franck explose car il se sent trahi par le patron et il ne supporte pas que son père soit humilié par le contremaître, qu'il soit trop modeste devant le patron, qu'il accepte tout sans rien dire et qu'il ait peur de tout. Franck voudrait que son père prenne son destin en main, qu'il se batte, qu'il ne subisse plus sa vie. Il lui reproche aussi de lui avoir communiqué sa honte d'être ouvrier. Franck sait qu'il a changé de classe mais il a le sentiment qu'il portera cette honte comme un boulet toute sa vie. On comprend facilement que Jean-Claude soit sidéré. Cela fait des années que son fils est sa fierté, et la réussite sociale de Franck est sa revanche. En finissant ses études Franck allait trouver un poste de cadre et Jean-Claude allait enfin pouvoir savourer sa victoire. Il est atterré car il se sent trahi et ne comprend pas Franck: pourquoi tant d'ingratitude?

Les lieux:

7. Plusieurs scènes utilisent des portes, des cloisons et des vitres pour faire avancer l'intrigue ou nous renseigner: quand Franck ouvre la porte de l'usine il entre dans un monde bruyant et étranger, les parents observent discrètement Franck par la fenêtre quand celui-ci discute avec le patron, une cloison en verre sépare le bureau de Franck de celui de Chambon, Chambon ferme la porte et tire le store pour que Franck ne sache pas ce qui se passe dans le bureau, le patron ferme la porte au nez de Franck qui veut assister à la réunion, Franck et Alain s'introduisent dans l'usine par un vasistas du toit, puis scellent la porte d'entrée de l'entreprise, le patron brise la vitre pour que les employés puissent entrer. Ces portes, cloisons et vitres sont des symboles d'interdits ou d'exclusion.

La grève :

8. Ceux qui font grève pensent qu'il faut être forts, solidaires, et s'opposer au patron. Ceux qui travaillent disent qu'ils ont besoin d'argent et que la grève ne va servir à rien.

Franck:

9. La première partie est celle de l'espoir et des satisfactions, et la deuxième est celle de la déception et du conflit. La découverte du plan de licenciements est la charnière du film.
10. Les réponses seront variées!

Les spectateurs:

11. Le film est poignant pour deux raisons: il est réel, authentique, et on s'identifie facilement aux personnages. En fonction de leur âge, les spectateurs se sentent sans doute plus proches de Franck ou de Jean-Claude, mais on comprend facilement le point de vue de l'autre. La relation parent-enfant, la place du travail, et l'idéalisme de la jeunesse sont des thèmes universels que chacun peut comprendre.
12. La scène de l'explosion est tellement intime qu'elle devrait avoir lieu en privé, pas dans l'usine devant tout le monde. On peut tous alors avoir cette sensation de malaise, car on ne devrait pas assister à une telle scène. On est gêné, comme le sont les ouvriers qui assistent à la scène.

QUESTIONS SUR LES THEMES DU FILM

1. Les 35 heures:

Les employés n'ont pas compris ce qui les attendait, comment le système va fonctionner, car personne n'a pris le temps de le leur expliquer. Ils sont méfiants, ils ont peur de perdre quelque chose. Ils ne comprennent pas non plus à quoi les 35 heures vont servir car ils n'ont pas beaucoup de loisirs de toute façon. Les cadres ont les moyens de profiter de leur temps libre, pas les ouvriers.

2. L'entreprise:

L'image de l'entreprise est plutôt négative. Les employés sont cloisonnés (cadres d'un côté, ouvriers de l'autre), le travail à l'usine est épuisant, le patron est paternaliste mais n'hésite à se débarrasser de ses employés et il y a surtout un manque flagrant de communication à tous les niveaux.

3. Le monde ouvrier:

Les ouvriers accordent beaucoup d'importance au travail et à la nécessité de le garder. Ils sont souvent dans une situation précaire (car dans une petite ville il serait difficile de retrouver un poste si on était licencié). En revanche ils s'entraident et se soutiennent moralement.

4. Les syndicats:

Le film met en scène trois délégués syndicaux. Mme Arnoux représente la CGT et s'oppose au patron quoi qu'il dise ou qu'il fasse. Les deux autres délégués sont plus modérés. Ils sont vigilants et ont à cœur de défendre les intérêts des ouvriers, mais ils sont plus calmes et réfléchis. On peut néanmoins affirmer que les syndicats sont dans une logique d'affrontement, de confrontation et que des deux côtés (patronat et syndicat) l'inflexibilité empêche tout dialogue.

5. La grève:

Les employés se réunissent pour discuter et décider de l'organisation de la grève. Ils ne sont pas tous d'accord et certains formulent des réserves. Mme Arnoux y croit et cherche à convaincre ceux qui hésitent. La grève concerne non seulement les employés mais leur famille. En effet, on voit les conjoints et les enfants prendre part.

6. Le chômage:

Pour la direction la restructuration est une nécessité, tout le monde le fait. Elle envoie donc ses lettres de licenciement ou de mise en pré-retraite sans sourciller. Les employés, en revanche, vivent dans la peur de perdre leur emploi. Ils se sentent démunis.

7. La place du travail dans la vie:

Le travail définit sans aucun doute les employés de l'entreprise. Ils sont ce qu'ils font, ils sont régimentés par leurs tâches et leur poste décide des amis qu'ils ont. Ils sont donc placés dans la société par leur travail.

8. Les classes sociales:

Les cadres ont le temps et les moyens de partir en vacances, en l'occurrence aux sports d'hiver. Franck, en revanche, ne sait pas skier. C'est un sport cher et la Normandie est loin des montagnes. Il n'a donc jamais eu l'occasion d'apprendre avec ses parents et se sent maintenant décalé par rapport aux autres cadres.

9. Le fossé lié aux études:

Dans la voiture Franck comprend qu'un fossé s'est creusé entre lui et ses camarades. Ils ne sont plus sur un pied d'égalité. Il a fait de grandes études et est parti à Paris, alors que les autres jeunes sont devenus ouvriers et n'ont pas bougé. Ils éprouvent donc naturellement de la jalousie et du ressentiment envers Franck.

Le rôle d'Alain est de faire comprendre à Franck (et au spectateur) à quel point les jeunes qui n'ont pas fait d'études sont coincés dans la classe ouvrière. Ils n'ont ni choix ni perspective d'avenir.

En fait Franck se sent mal partout. Il voit bien qu'un fossé s'est creusé entre lui, sa famille et ses anciens camarades, mais cela ne l'aide pas à être à l'aise avec les cadres. Il n'a pas les mêmes habitudes, les mêmes références et les mêmes occupations. On peut supposer cependant qu'avec le temps il pourra se "rattraper" pour être assis confortablement à la table des cadres et avoir les mêmes discussions.

10. La relation père-fils:

Le père voulait que Franck fasse des études pour avoir une autre vie. Il espérait que son fils serait mieux que lui socialement. C'était son rêve, c'est pour cela qu'il s'est sacrifié et qu'il a tenu toutes ces années. Le succès de Franck serait sa revanche. Il ne veut donc surtout pas que Franck fasse grève car cela compromettrait son avenir et risquerait de gâcher tout ce qu'il a fait jusque-là. Franck croit aux 35 heures et espère que cette réduction du temps de travail permettra à son père d'avoir plus de temps libre et donc de profiter davantage de la vie. Quand il apprend le plan de licenciement Franck voudrait qu'il réagisse, qu'il se rebelle, qu'il se batte. Il ne veut plus le voir soumis et finit par penser que son père est lâche. Il voudrait être fier de lui mais il ne peut pas puisque son père ne l'est pas. En fait, chacun veut le meilleur pour l'autre sans comprendre ce que l'autre souhaite.

11. La métamorphose de Franck:

Franck va bien être obligé de se placer du côté des cadres, de "jouer au cadre" pour faire carrière. Il ne pourra pas être des deux côtés de la barrière.

Il s'est révolté cette fois-ci parce qu'il était touché personnellement, mais on peut supposer qu'il ne le fera pas pour les autres. Il gardera peut-être quand même de la méfiance vis-à-vis de la direction et de la compassion pour la cause ouvrière.

ETUDE COMPLEMENTAIRE

LES LIMITES DE CE FILM

1. Le patron semble en effet se prendre d'amitié très rapidement pour le jeune stagiaire. Il est vrai que c'est une petite entreprise et qu'il connaît tout le monde et il a peut-être aussi envie de mieux connaître Franck. Si son plan de licenciement et de mise en pré-retraite est déjà bouclé, on peut supposer qu'il se sent coupable et qu'il veut compenser en étant aimable avec Franck.

2. On peut penser que les stagiaires sont généralement plus discrets et moins mis en valeur par la direction. Franck a besoin d'être acteur de son stage, d'être créatif et de proposer des idées pour que son école valide le stage. Il semble néanmoins gérer le personnel comme s'il était le chef!

3. C'est une découverte fortuite à laquelle Franck ne s'attendait pas du tout. Il est tout à fait possible qu'il utilise l'ordinateur du DRH pendant quelques instants, mais est-il crédible que le plan de licenciement soit si facile à trouver?

4. On ne voit Franck que dans le train et dans sa ville d'origine mais on sait qu'il vient de passer les dernières années de sa vie à Paris. Pourquoi n'y fait-il jamais allusion? Pourquoi ne reçoit-il pas de coups de fil de camarades qui font aussi un stage et qui l'appellent pour échanger leurs impressions?

5. Comment se fait-il que les autres soient restés ouvriers? Ne peut-on supposer que certains ont fait des études supérieures? Sans réussir aussi brillamment que Franck, on peut imaginer que quelques jeunes ont fait un BTS par exemple. Certains l'ont peut-être fait et sont employés ailleurs, donc on ne les voit pas. Une autre question se pose: pourquoi la sœur de Franck n'a-t-elle pas fait d'études?

6. Tout est possible mais cette ascension sociale fulgurante, du père ouvrier au fils sorti d'une excellente école de commerce, semble utopique. On peut facilement envisager que Franck ait son bac (ce qui serait déjà une grande fierté pour ses parents) et qu'il fasse un BTS (des études en 2 ans). Ce serait une promotion sociale, Franck aurait quitté la condition ouvrière mais il resterait en phase avec son milieu d'origine.

7. Franck aurait eu plus de mal à s'affirmer et à se faire connaître. Dans le film il n'y a qu'un DRH. Dans une grande entreprise il y aurait tout un service voué aux ressources humaines. Franck n'aurait sans doute eu aucun contact avec les ouvriers. Il serait resté dans les bureaux avec les cadres.

8. Franck aurait eu le même travail, il aurait assisté aux mêmes réunions, aurait rédigé le même questionnaire, mais l'aspect personnel (la relation père-fils) serait absent de l'expérience. Son stage n'aurait eu aucun impact sur sa famille.

9. Là encore, son travail et ses responsabilités auraient été les mêmes, et le père et le fils auraient eu des points communs. On peut se demander cependant comment Franck aurait pris le plan de licenciement. Aurait-il été déçu par son père?

10. Le père et le fils se seraient battus ensemble, ils auraient été soudés et solidaires, ils auraient partagé quelque chose. Cela est improbable car c'est contre la nature du père.

11. Toute réforme mérite explication. La direction aurait dû organiser des sessions d'information pour expliquer aux employés ce qui allait changer pour eux. Il est normal qu'ils aient des craintes. Si la direction avait été plus franche, si elle avait su discuter ouvertement avec ses employés elle les aurait mis en confiance.

12. Mme Arnoux est un cas! Les syndicats français fonctionnent souvent sur le mode de la confrontation mais il est presque impossible de discuter avec Mme Arnoux. Il y a sûrement des syndicalistes comme elle mais beaucoup sont plus modérés. Leur rôle est de défendre les droits des employés, ce qui les met souvent en opposition avec leur direction. Ceci dit, si tous les syndicalistes étaient comme Mme Arnoux la France serait perpétuellement en grève!

UNE SITUATION TYPIQUEMENT FRANÇAISE?

1. Il est fort possible qu'il aura une expérience en partie similaire à celle de Franck. Il arrivera en effet avec des théories plein la tête et de grandes idées à partager. Son enthousiasme sera vite refroidi par l'attitude de ses collègues qui ne s'emballeront pas pour ses projets. Il sera peut-être déçu car on ne lui confiera rien de passionnant, on ne lui fera pas assez confiance, on ne l'intégrera pas assez dans le processus de décision. Il devra prendre du recul pour faire une synthèse de son expérience et valoriser son stage.

2. Les étudiants auront sans doute des opinions différentes. Certains penseront que c'est plus facile aux Etats-Unis car le système de classe est moins rigide et moins fermé. En revanche la France a une tradition d'ascension sociale par l'école avec l'idée que l'école publique et le système de bourses doivent permettre à tous de réussir. Il est partout fréquent de rencontrer des gens qui ont fait un bond sur l'échelle sociale mais cela ne veut pas dire qu'ils sont à l'aise dans leur nouvel environnement. La société américaine étant plus hétérogène que la société française, il est cependant probable que l'intégration sera plus facile.

3. Il est très facile de s'intéresser au film et de se reconnaître dans les personnages car la relation père-fils, les tensions, les ambitions, les déceptions sont communes à de nombreuses cultures.

4. C'est une question très personnelle qui amènera des réponses variées.

L'AVIS DE LA PRESSE

Article de *L'Express* paru dans l'édition du 8 novembre 2004 – propos recueillis par Anne Vidalie

1. Catherine Euvrard privilégie l'expérience, qui lui semble largement aussi importante que les diplômes. Elle recherche un candidat travailleur, ouvert et dynamique, plus qu'un diplôme.

2. Elle les trouve trop rigides et pas toujours en phase avec le monde réel. Ils sont en plus trop sûrs d'eux alors que les jeunes qui sortent d'écoles moins connues veulent faire une démonstration de leur valeur.

3. Franck a tous les défauts qu'elle reproche aux diplômés des grandes écoles! En revanche, elle prendrait sans doute en considération ses origines sociales, en pensant qu'il est plus proche du monde ouvrier que la plupart des autres étudiants.

4. Elle donne aux étudiants une expérience de la vie qu'ils ne peuvent pas acquérir à l'école, et elle leur ouvre l'esprit.
5. Les réponses des étudiants varieront en fonction de leur expérience.

Article de *L'Express* paru dans l'édition du 10 octobre 2002
1. Elle a toujours proposé les 35 heures à ses employés et elle offre des conditions de travail très souples.
2. Non, les saisonniers veulent travailler le plus possible pour gagner le plus d'argent possible.
3. Tout le monde ne peut pas travailler 35 heures. Dans certains secteurs, comme le commerce ou la médecine, il est normal de faire beaucoup plus d'heures. Cela crée un fossé entre ceux qui profitent des 35 heures et ceux qui travaillent dans un secteur d'activité ou cela n'est pas envisageable.
4. la loi sur les 35 heures s'applique dans les premières, alors que les TPE n'ont pas assez de personnel pour pouvoir le faire.
5. Les privilégiés sont les cadres qui ont obtenu des jours de congé supplémentaires et qui ont la possibilité de les prendre. Jean-Paul Bonhoure est ravi d'avoir du temps libre en plus et d'avoir une vie plus agréable. Il apprécie tellement ce nouveau rythme qu'il ne veut surtout pas en changer, même en échange d'une augmentation de salaire.
6. Les cadres sont en général favorisés car ils peuvent prendre leurs jours de congé quand ils le souhaitent. En revanche, les ouvriers et les commerciaux n'ont pas cette flexibilité. Leur RTT est donc imposée par l'entreprise.
7. Thierry Harvey travaille dans un secteur qui manque de personnel. Il est impératif d'assurer des gardes à la clinique, il n'a pas le choix.
8. Ce sont les gens qui gagnent le moins qui sont encore les moins favorisés. En effet, non seulement ils ne peuvent plus faire d'heures supplémentaires, mais en plus ils ne peuvent pas profiter de leur RTT puisqu'ils n'ont pas assez d'argent. Ce sont donc les classes privilégiées et plus fortunées qui profitent de leur temps libre supplémentaire.

Interviews parues dans le *Figaro Magazine* du 24 mai 2008
1. Il est ravi car le chiffre d'affaires de son entreprise est à la hausse. Les Français ont désormais plus de possibilités pour partir en week-end.
2. Il y a trois types de destinations: les villes européennes, les destinations plus lointaines comme New York, et les séjours bien-être.
3. Les gens sont aujourd'hui dans l'obligation de travailler très rapidement. En fait, beaucoup disent qu'ils font en 35 heures ce qu'ils faisaient autrefois en 39 heures.
4. Il faudrait prendre en compte les besoins des salariés pour qu'ils soient plus équilibrés, et faire en sorte que le travail n'envahisse pas leur temps libre.

Article de Florence Gatté paru dans *France-Amérique* le 25 juillet 2008
1. Il sera maintenant possible pour les cadres de travailler beaucoup plus en étant payé 10% de plus pour chaque heure supplémentaire.
2. Les entreprises sont les grandes gagnantes puisque cette réforme leur donnera une plus grande flexibilité.
3. Ils sont déçus car ils ont le sentiment d'avoir été trahis par Sarkozy. Ils ont voté pour lui mais vont maintenant devoir travailler plus.

4. Comme le taux de chômage est bas, ils peuvent espérer que les entreprises vont chercher à s'entendre avec eux pour ne pas les voir déserter.
5. Elle va sans doute à l'encontre de ses idées, mais ce n'est pas tout à fait clair. En fait, Franck croit aux 35 heures pour les ouvriers, mais il ne mentionne jamais les cadres. Il approuverait peut-être cette différenciation de traitement entre cadres et ouvriers.

AUTRES FILMS A VOIR

Sauf le respect que je vous dois (drame de Godet, 2005)
1. Dans les deux cas les patrons sont lâches. Celui de Franck se cache derrière les 35 heures et le questionnaire pour licencier. Celui de François accuse Simon de vol (alors que c'est lui qui lui a proposé et prêté le matériel) pour pouvoir le renvoyer.
2. Franck ne trouve pas sa place car il n'appartient nulle part : ni parmi les ouvriers, ni parmi les cadres. Il est en décalage par rapport à sa famille et à ses anciens camarades. Simon est dans une situation différente. Il est le seul à refuser de passer sa vie au travail. Il ne comprend pas François qui rate l'anniversaire de son fils pour une réunion, ou qui ne peut plus partir une semaine en vacances. Il se sent isolé car les autres obéissent au chef et se taisent.
3. Dans les deux cas, tout va bien au début, puis leur attitude change radicalement. Qu'est-ce qui pousse les deux hommes à réagir ? François est un homme docile et discret qui baisse la tête devant l'adversité. Il ne s'oppose pas, il n'entre pas en conflit. Le suicide de Simon, puis l'indifférence du patron et des collègues, le poussent à la révolte. Franck, quant à lui, est jeune et doit savoir écouter et observer pour apprendre. C'est la découverte de la trahison de son patron qui déclenche sa colère. Dans les deux cas, un événement majeur et inattendu les pousse à agir, quitte à courir à leur perte.
4. La femme de François n'a sans doute pas pleinement conscience des difficultés que son mari rencontre au travail. Quand le drame survient, il est trop tard pour aider François. Les parents de Franck ne peuvent pas comprendre leur fils. Ils le voudraient docile pour faciliter sa réussite et son ascension sociale. Ils ne peuvent pas le soutenir quand il détruit ses chances d'avoir un bon rapport de stage.

Le couperet (drame de Costa-Gavras, 2004)
1. Bruno n'a plus de rythme, plus de repères, et perd petit à petit confiance en lui, ainsi que sa dignité et sa reconnaissance par sa famille et la société.
2. On peut se demander comment il est arrivé à cette extrémité. Il voit son monde s'écrouler autour de lui, il ne supporte plus d'être rejeté et il souffre sans doute aussi d'un début de folie.
3. On voit les entretiens de Bruno, qui est saturé, amer et cynique. Les entretiens semblent froids, distants et tous pareils.
4. On a constamment peur pour Bruno et on espère, bien malgré nous, qu'il va réussir à éliminer ses concurrents. On s'attache à lui, on le comprend, même si on sait que ce qu'il fait est horrible.
5. Le film nous montre quelles peuvent être les conséquences du chômage et les dégâts qu'il provoque. Ce n'est cependant pas un film réaliste, mais bien une fiction qui nous fait réfléchir. Le héros est-il amoral ? Est-il victime de la société ? Les entreprises sont-elles coupables ?

Le monde rural

Une hirondelle a fait le printemps

> REMARQUE PRELIMINAIRE
>
> Le monde rural englobe de nombreuses réalités qui dépendent de la région, du terrain, du climat et de l'activité (agriculture, viticulture, élevage, tourisme) en particulier. Il n'était pas possible d'être exhaustif. Le chapitre se focalise donc sur l'élevage et sur la vie en moyenne montagne avec quelques incursions dans d'autres domaines.

ASPECTS CULTURELS

1. Où vit-on le mieux en France?
   a. Les départements les plus attractifs se situent principalement dans le sud et dans l'ouest. Ne généralisons cependant pas. Certains départements du sud sont loin dans le classement et le Bas-Rhin est 16e.
   b. La plupart des départements du bas du classement se situent au nord, à l'est et au centre.
   c. C'est une question difficile pour des étudiants qui ne sont jamais allés en France. Ils penseront sans doute au climat et au dynamisme des grandes villes.
   d. L'Isère est classé 4e.

2. Taux de migration
Les Français quittent l'Ile-de-France et la région Champagne-Ardennes pour s'installer dans une grande moitié sud-ouest. Cela correspond bien à ce que nous avons vu sur la première carte.

3. Le Vercors
C'est un paysage splendide mais aride. Les hauteurs sont rocailleuses et sauvages et la végétation est rase. La vallée est sans doute plus accueillante. On devine quelques habitations mais elles n'empêchent pas une impression d'isolement.
Le Vercors est une région touristique en toutes saisons. Les paysages grandioses, le calme et les nombreux sentiers en font une agréable destination de vacances. En revanche la vie au quotidien y est rude à cause du climat et de l'éloignement des centres urbains.

4. Etat matrimonial des femmes françaises
En une génération la situation des femmes a profondément changé. Alors qu'une minorité était célibataire en 1970, un tiers l'était en 2002. Il y a aussi 3 fois plus de divorcées alors que les mariages ont baissé de 28%! Il y a sans doute plusieurs explications à cela: en 1970 il était encore difficile de vivre seule, célibataire ou divorcée. La société ne l'acceptait pas bien et les femmes étaient moins indépendantes financièrement qu'elles le sont aujourd'hui. Quant au recul de l'âge du

premier mariage, il s'explique par l'allongement des études et par la possibilité de vivre ensemble sans être marié.

5. Les agriculteurs et les éleveurs
a. Il y avait plus d'ouvriers en 1985 alors qu'en 2005 les employés étaient majoritaires.
b. La part des agriculteurs était déjà très faible en 1985 et elle a été réduite à une toute petite minorité.
c. Un agriculteur cultive la terre (il fait pousser des céréales, des légumes, des fruits), alors qu'un éleveur s'occupe d'un troupeau (vaches, chèvres, moutons, porcs). Il peut élever des animaux pour leur viande ou leur lait.

6. Les néo-ruraux
a. Les néo-ruraux viennent d'une ville ou d'un village et n'ont donc pas l'expérience de la vie à la campagne. Ils sont aussi bien plus jeunes en moyenne.
b. Ils cherchent une meilleure qualité de vie (moins de transports, de bruit, de stress) et veulent recommencer une nouvelle vie.
c. Un tiers des citadins pense qu'il est trop difficile de vivre loin d'une ville et de s'intégrer à la campagne, et d'autres ont peur de se lancer.
d. Oui, une majorité des néo-ruraux le pense.
e. Oui, la plupart d'entre elles se sont adaptées à leur nouvelle vie et sont bien intégrées.

7. Les gîtes de France
Un gîte est une maison, en général à la campagne, dont le but est d'accueillir des vacanciers. Les gîtes sont gérés individuellement par les propriétaires. Ils habitent souvent, mais pas toujours, à proximité, ce qui permet un accueil personnalisé. Les gîtes sont classés en 5 catégories (de 1 à 5 épis) en fonction de leur confort et des prestations qu'ils proposent. Le premier gîte a ouvert en 1951 et il y a aujourd'hui 43800 gîtes répartis dans toute la France. Les gîtes accueillent beaucoup de familles qui recherchent des vacances calmes, de l'espace et un environnement naturel.

8. Le tourisme vert
a. Le tourisme vert implique en général que les vacanciers ne sont ni à la mer, ni en ville, ni à la montagne.
b. Oui, si on "va à la mer" mais qu'on réside à 30km de la côte, on est en réalité à la campagne. Il en est de même pour la montagne l'été. C'est un espace montagneux, certes, mais vert! C'est donc une notion assez floue.
c. Le tourisme rural est l'opposé du tourisme urbain, alors que le tourisme vert exclut la mer, la montagne et la ville.

9. L'hirondelle et le printemps
L'hirondelle est un oiseau migrateur qui revient en France au printemps. Le proverbe veut dire que la première hirondelle aperçue n'implique pas que l'hiver est fini. Le printemps va venir mais il faut peut-être encore attendre un peu et ne pas se réjouir trop vite.

PARALLÈLE AVEC D'AUTRES PAYS

1. Où vit-on le mieux?

Recommandation pour cette activité: le professeur peut trouver une carte vierge des Etats-Unis et en imprimer une pour chaque étudiant. Faites en sorte qu'elle prenne toute la page. Ainsi les étudiants pourront montrer leur carte à leurs camarades et tout le monde verra bien.

Les étudiants ont des opinions diverses mais il y a des constantes: les états les plus plébiscités sont ceux de la côte nord-est (emploi, dynamisme économique, éducation, culture, cadre de vie dans certains états) et ceux de la côte ouest (climat pour la Californie, emploi, dynamisme économique, éducation). Les états les moins attirants sont ceux du centre (manque de modernisme, de dynamisme, peu de culture, météo peu clémente, ennui). Les étudiants sont partagés sur les états du sud.
Bien évidemment les réponses dépendront de la région dans laquelle l'université est située, ainsi que de l'origine géographique des étudiants.

2. Taux de migration

L'ouest et le sud, à l'exception notoire de la Californie et du Texas, sont les grands gagnants. Certains de ces états sont dynamiques économiquement, d'autres ont un climat attractif, d'autres encore sont bon marché (il est plus facile d'acheter une maison dans l'Idaho qu'à New York) et d'autres ont su investir pour construire des structures qui attirent les retraités (Floride, Arizona).

3. Etat matrimonial des femmes

Il en est de même aux Etats-Unis et pour les mêmes raisons qu'en France. Beaucoup de femmes sont indépendantes financièrement et celles qui ont fait des études veulent souvent lancer leur carrière et rembourser leurs dettes avant de se concentrer sur le foyer.

4. Lieux de vacances aux Etats-Unis et tourisme vert

1. La campagne, la mer et la ville se placent largement en tête.
2. La mer est la grande bénéficiaire. La campagne est toujours en tête mais les séjours à la mer ont beaucoup augmenté.
3. Beaucoup d'Américains aiment prendre leurs vacances au bord d'un lac avec une plage. Certains vont aussi à la mer et à la montagne mais la campagne et les lacs sont les choix les plus courants. Dans certains cas les lieux sont combinés, comme un lac à la montagne.
4. La géographie des deux pays est tellement différente que les lieux de vacances vont l'être aussi. La France n'est pas un grand pays et a la chance d'avoir beaucoup de littoral (Atlantique, Manche, Méditerranée). La mer n'est donc souvent pas très loin. Aux Etats-Unis il est facile de prendre des vacances à la mer quand on habite en Floride mais beaucoup d'Américains habitent à des centaines de kilomètres des côtes. Il en est de même pour les montagnes. Avec les Alpes, les Pyrénées, le Massif central, le Jura et les Vosges la France est bien dotée. Là encore pour beaucoup d'Américains les montagnes sont trop éloignées de leur domicile. Enfin les villes françaises ont un patrimoine historique qui attire les touristes.

5. Il n'y a pas d'équivalent aux gîtes ruraux. Les Américains aiment faire du camping, louer une "cabin" (ce qui est très peu développé en France) ou aller à l'hôtel.

6. Les habitudes étant différentes selon les pays, encouragez les étudiants étrangers à partager leur expérience!

LE FILM

QUESTIONS GENERALES SUR LE FILM

Les débuts

1. Sandrine a un travail intéressant et elle gagne bien sa vie mais elle étouffe à Paris. Elle ne supporte plus le bruit, la circulation et elle sait qu'elle a besoin d'autre chose. Elle a toujours rêvé d'être agricultrice, de vivre au grand air et d'avoir de l'espace. Sa mère est attérée. Comment sa fille a-t-elle pu avoir cette idée? Comment peut-elle vouloir quitter son confort pour prendre tant de risques, partir loin et vivre seule? Elle est aussi déçue et a le sentiment de s'être trompée. Elle pensait que des études d'informatique assureraient un bon avenir à sa fille et elle est fière de sa réussite professionnelle.

2. Sandrine est motivée, dynamique et battante. Elle sait ce qu'elle veut, n'a pas peur du travail et va tout mettre en œuvre pour réussir. Elle est indépendante et a son franc-parler, ce qui lui permet de s'imposer face à Adrien.

3. Sandrine doit faire face à plusieurs difficultés: la quantité de travail (travaux d'aménagement, chèvres, gîte, fromages, vente par correspondance, entretien général de la propriété), l'attitude d'Adrien (méfiance, méchanceté, changements d'humeur) et bien sûr l'isolement et la solitude.

Adrien :

4. C'est un stratagème d'Adrien pour forcer Sandrine à venir le voir. Sans lumière et sans chauffage, elle est bien obligée d'aller chez lui. Il apprécie sa présence mais ne sait pas comment le lui dire.

5. La maladie de la vache folle a été un drame terrible. Le troupeau a été touché au début de l'épidémie, à une période où on parlait encore peu de la maladie. Adrien et sa femme ont été choqués de perdre leurs bêtes, et de la façon dont ils ont été traités. Leur ferme a été encerclée comme s'ils avaient commis un crime et personne dans le village ne les a soutenus.

Sandrine et Adrien :

6. Sandrine et Adrien n'ont pas la même conception du travail. Adrien s'inscrit dans la tradition alors que Sandrine arrive avec ses idées modernes. Elle est ouverte au monde extérieur (accueil de groupes scolaires et de touristes au gîte, connexion Internet) et elle a choisi ce métier, alors qu'on peut supposer qu'Adrien en a hérité

7. Certains aspects de leur relation rappellent celle d'un père et d'une fille mais ils ne se connaissent pas bien et Adrien n'aide pas assez Sandrine pour être dans le rôle du père. En revanche la scène de l'album photos fait penser à une famille feuilletant ses souvenirs.

Les autres :

8. On voit très peu les gens du village mais ils se posent des questions. Qui est cette Parisienne? Comment se débrouille-t-elle? Comment Adrien s'entend-il avec elle? Ils sont curieux mais n'ont rien contre elle. En revanche ils sont amers qu'Adrien n'ait pas vendu sa ferme à un agriculteur de la région. Ils ont le sentiment qu'Adrien a été égoïste et n'a pas pensé à eux. Cette scène donne l'occasion à Adrien de défendre Sandrine et montre que la profession n'est pas soudée. Alors que certains organisent des manifestations, d'autres travaillent et ne revendiquent rien

9. Jean n'est pas un personnage capital mais il permet de voir Adrien sous un autre jour. Avec Jean, Adrien est à l'aise et dit ce qu'il pense.

10. Gérard n'est pas capital non plus mais il est utile car il rappelle à Sandrine sa vie d'avant. Il représente la tentation à laquelle elle choisit de résister. C'est d'autant plus difficile qu'il est charmant et amoureux d'elle!

Sandrine :

11. Sandrine a beaucoup d'atouts mais comme tous les débutants elle fait des erreurs. Elle doit réfléchir davantage et ne pas prendre de risques, et aussi s'endurcir face aux animaux. Elle s'attache à eux et quand sa chèvre accouche de chevreaux morts-nés elle est effondrée. Ce n'est jamais facile mais avec le temps elle sera moins sensible. Elle devra aussi réfléchir à des solutions pour que l'hiver ne soit pas aussi dur.

12. Il est clair à la fin du film quand Sandrine est retournée dans ses alpages. C'est le début de la belle saison et tout est splendide et attirant. Les étudiants auront des avis divergents. Certains pensent qu'elle va repartir à Paris alors que d'autres sont optimistes. Ses vacances lui ont permis de réfléchir et elle est sûre maintenant que la vie à la ferme est ce qu'elle préfère. Elle a décidé avec Adrien qu'il pouvait rester aussi longtemps qu'il le souhaite. Elle est seule mais fait de la publicité pour attirer des touristes.

    Dix ans plus tard Sandrine a 40 ans. Elle aime toujours autant les étés mais s'est vite rendu compte qu'elle ne résisterait pas tout l'hiver, toute seule dans la montagne. Comme le Vercors compte des stations de ski elle a suivi une formation pour devenir monitrice et accompagner des groupes pour des randonnées à pied ou à ski de fond. Cela lui permet d'avoir un revenu et d'avoir des contacts avec le monde extérieur.

    Tout ceci n'est bien sûr qu'une idée et une piste de réflexion. Certains étudiants pensent qu'elle reprendra une activité d'informaticienne, notamment pendant l'hiver. Elle pourra travailler de chez elle et gagner sa vie

Réalisation et direction d'acteurs :

13. Plusieurs personnes se sentent abandonnées: la mère de Sandrine quand sa fille part dans le Vercors, Sandrine quand Adrien refuse de l'aider, et Adrien deux fois: par les autres fermiers quand son troupeau est abattu et par Sandrine quand elle part en vacances. Quant à la transmission, Sandrine espérait qu'Adrien partagerait son savoir pour l'aider à réussir. Il refuse mais il lui transmet une partie de son patrimoine en lui promettant l'album photos

14. Les acteurs étaient faits pour leur rôle. Michel Serrault ne semble pas avoir besoin de se forcer pour être bourru et renfrogné et Mathilde Seigner est plus vraie que nature. Tout ce qu'elle fait sonne juste. Les dialogues, crédibles, aident les acteurs à être vrais.

15. Au début du film Adrien et Jean discutent de Sandrine. Jean est admiratif mais Adrien répond: "Oui, oh, une hirondelle ne fait pas le printemps". Il pense que ses débuts prometteurs ne veulent rien dire et que son succès est encore loin. Le titre, en revanche, nous dit que l'hirondelle a fait le printemps. On peut penser que l'hirondelle est Sandrine. Elle est arrivée au printemps et elle a surtout annoncé un changement heureux dans la vie d'Adrien.
16. Oui, sans aucun doute. Souvenons-nous que les parents du réalisateur étaient agriculteurs et qu'il connaissait donc bien son sujet. La vie quotidienne d'une exploitation, les obligations liées aux animaux (il faut traire les chèvres deux fois par jour tous les jours, même en pleine tempête de neige), la dépendance de la météo, l'isolement géographique (aucune ferme, aucun commerce à proximité) et psychologique (il faut se débrouiller tout seul), le peu d'entraide et les ravages de la maladie de la vache folle, tout cela est traité avec précision et justesse.

QUESTIONS SUR LES THEMES DU FILM

1. Le film ne montre qu'une petite partie du département. Le plateau du Vercors est splendide mais ne représente pas tout le département. Grenoble, la préfecture et la plus grande ville d'Isère est dynamique, jeune et accueillante. La situation économique y est bonne, notamment dans le secteur des services liés au tourisme. L'Isère est un département où l'on peut vivre et travailler dans un environnement préservé.
2. Quand Sandrine arrive à la ferme au printemps la nature est tellement belle qu'on a du mal à y croire. On se dit que le réalisateur a saturé les couleurs pour rendre les lieux idylliques. Quand l'hiver arrive le spectateur prend mieux conscience des difficultés et de l'isolement. C'est un portrait juste du monde rural, avec son rythme, sa routine, ses joies et ses peines et ses obligations.
3. La nature et la météo sont sans aucun doute un 3e personnage principal car il faut composer avec des saisons très marquées dans un milieu isolé. La neige et le verglas posent des problèmes en ville mais les rues sont entretenues et les gens peuvent se déplacer. Pour Sandrine et Adrien les tempêtes impliquent de rester à la ferme car les chasse-neige viennent peu déblayer leur route. Le rythme de vie est donc imposé par la nature et les paysans en sont dépendants.
4. Sandrine est énergique et volontaire, elle sait presque tout faire et n'a peur de rien. Elle a beaucoup de qualités pour réussir à la ferme et vivre seule. On peut cependant se demander comment elle ferait toute seule et à long terme. Même si ses relations avec Adrien sont tendues, il est proche et c'est une présence rassurante. Il est difficile de vivre sans famille et sans amis dans la région.
5. Réponses de Sandrine à l'enquête:
   Pour quelles raisons des citadins souhaitent-ils s'installer à la campagne?
   Je m'ennuyais et j'avais besoin de changer d'air. Je voulais recommencer une nouvelle vie et réaliser un vieux rêve.
   Quelles sont les attitudes des habitants de la commune vis à vis des citadins qui viennent s'y installer ?
   Je vois très peu les habitants du village. Je n'y vais que pour faire quelques courses. Je vais aussi à Grenoble (où je ne connais personne) pour aller au supermarché et me promener. J'ai donc peu de contacts avec les gens de ma commune. Je ne sais pas ce qu'ils pensent de moi mais ils ne sont pas agressifs. Je crois qu'ils me prennent pour une curiosité!
   Situation aujourd'hui des néo ruraux interrogés ?

Je ne regrette absolument pas mon choix. Je travaille très dur et je me sens parfois seule mais j'ai une vie saine et équilibrée. Je me sens mieux qu'à Paris.

6. Le gîte est aménagé avec goût, il est au calme dans une nature superbe. Il a donc toutes les chances d'attirer des touristes. C'est un atout pour Sandrine qui devra faire de la publicité pour les randonneurs d'été et les skieurs d'hiver.

7. Le film est surtout une chronique de la vie à la campagne. Il donne l'occasion de se poser des questions mais le but du réalisateur n'était sans doute pas de faire un plaidoyer pour ou contre la ville ou la campagne. Le spectateur peut se demander s'il aimerait vivre comme Sandrine, s'il aurait son courage et sa détermination, s'il serait plus accueillant qu'Adrien, et si les méthodes nouvelles de Sandrine vont porter leurs fruits.

ETUDE COMPLEMENTAIRE

LES LIMITES DE CE FILM

1. Il est possible que le film attire des touristes sur le plateau du Vercors. On ne peut cependant pas lui reprocher de faire de la publicité. Il se contente de montrer le passage des saisons dans une nature splendide. Il faut aussi que les alpages soient beaux pour que Sandrine soit tentée. Elle tombe sous le charme des paysages, comme nous.

2. Le film éclipse certains aspects de la vie de Sandrine:
   a. On ne voit jamais Sandrine conduire à la ferme, alors qu'elle a une voiture quand elle vit à Paris. C'est étrange car il semble difficile et dangereux de vivre dans un endroit aussi isolé sans moyen de locomotion.
   b. Adrien et Jean vont faire leurs courses au supermarché et on peut supposer que Sandrine fait de même mais le film ne le montre pas. En fait on la voit à Paris, à la ferme ou sur les alpages, jamais ailleurs.
   c. On la voit plusieurs fois traire ses chèvres mais on ne sait pas ce qu'elle fait du lait. On peut supposer que le réalisateur n'a pas développé cet aspect de sa vie pour insister sur son isolement. Elle est forcément en contact avec d'autres personnes de la profession mais il a choisi de se focaliser sur Sandrine.
   d. Là encore, on peut se poser la question. On sait qu'elle envoie des fromages en Allemagne mais on ne la voit pas faire. Non seulement on ne la voit pas travailler, mais on ne sait pas non plus comment elle expédie ses fromages.

3. L'histoire est-elle plausible? Certains aspects semblent étranges:
   a. Quand Sandrine rentre à Paris sa mère lui demande des photos de son gîte. Il est donc clair qu'elle n'est pas allée voir sa fille. Comment est-ce possible qu'elle ne se soit pas déplacée pour rendre visite à sa fille unique?
   b. On peut supposer que tous les amis de Sandrine sont intrigués par sa décision. Avec le gîte il serait facile de passer un week-end chez elle ou ils pourraient au moins prendre de ses nouvelles par téléphone! Le réalisateur a sans doute voulu limiter les interactions pour insister sur son isolement.
   c. Elle ne fait pas tout cela tous les jours et comme elle est dynamique et travailleuse, elle réussit! C'est sans doute possible mais difficile et épuisant, surtout quand on n'a pas l'habitude et qu'on doit tout apprendre en même temps.

4. L'aspect financier n'est pas du tout développé, alors que c'est en général un souci majeur des éleveurs. C'est étrange car on pourrait penser que le stress des dettes ajouterait à la fatigue de Sandrine. Ses seuls revenus sont la vente du lait et du fromage et, accessoirement, le gîte.

5. Imaginons maintenant d'autre cas de figure. En quoi l'histoire serait-elle différente si…

   a. Si Sandrine venait d'une famille d'éleveurs et qu'elle était de la région elle serait beaucoup mieux accueillie par Adrien qui l'aiderait sans doute davantage. Elle aurait aussi des appuis au village et ne serait pas isolée.

   b. Si Sandrine était agricultrice (c'est-à-dire qu'elle cultivait la terre et qu'elle n'avait pas d'animaux) elle aurait un rythme différent. Elle serait très occupée au printemps et à l'automne mais aurait beaucoup de temps l'hiver. Quand on a des animaux on ne peut en revanche jamais s'absenter.

   c. Le climat a un rôle majeur dans la vie de Sandrine puisqu'il détermine ses activités. S'il était moins rude elle serait moins isolée l'hiver. En revanche si elle était en plaine l'environnement serait peut-être moins joli et son gîte attirerait moins de touristes.

   d. Si la ferme était proche du village elle aurait beaucoup plus de contacts avec ses voisins. Ils la connaîtraient mieux et apprécieraient peut-être son travail. Adrien serait peut-être aussi plus sociable, ce qui changerait sa relation à Sandrine.

   e. Si Sandrine était mariée à un homme qui partageait sa passion, tous les espoirs seraient permis pour l'avenir. A deux ils ne souffriraient pas de solitude, ils partageraient le travail, ils se soutiendraient moralement. Ils auraient aussi plus de temps libre et une vie plus équilibrée.

UNE SITUATION TYPIQUEMENT FRANÇAISE?

Cette histoire n'est pas typiquement française et on peut supposer qu'une jeune Américaine aurait à peu près la même vie que Sandrine si elle s'installait dans une ferme isolée du Vermont.

1. Les difficultés seraient de même nature: isolement, quantité de travail, hiver rude.
2. Elle devrait choisir sa région soigneusement. On peut supposer que certaines personnes l'accueilleraient et l'aideraient alors que d'autres la considéreraient comme une étrangère qui n'a pas sa place dans la région.
3. Il est difficile de faire fortune en élevant des chèvres! La jeune femme aurait des emprunts à rembourser et peu de revenus. Ce serait aussi difficile que pour Sandrine.
4. Un bed & breakfast serait l'équivalent du gîte de Sandrine. Cela lui permettrait d'avoir un revenu et de se sentir moins seule.

L'AVIS DE LA PRESSE

Article du *Monde* paru dans l'édition du 3 septembre 2008
1. Il cherche à monter une exploitation où il combine élevage et agriculture biologiques.
2. Non, il vient d'un quartier difficile de Gap, une ville du sud-est.
3. Il a reçu une lettre de menace (viol de sa fille, mort de sa mère et de M. Message) et dix de ses quinze chèvres ont été tuées. Plus tard il a dû faire face à plusieurs actes de malveillance et d'intimidation (destruction, incendie).
4. Ils se sont rencontrés par l'intermédiaire de la Cimade.
5. Il pense qu'ils sont jaloux et qu'ils espèrent le faire fuir pour acquérir ses terres.
6. Cela a été difficile pour deux raisons: ses parents ne sont pas agriculteurs et il veut pratiquer l'élevage bio.

7. Le maire a beaucoup de mal à prendre parti. Il n'a rien dit pendant des semaines, puis a fini par déclarer que ce qui se passait est inacceptable. Il a ajouté qu'on ne pouvait accuser les familles de la région.

8. Les gens de la région sont intrigués par Sandrine mais ne lui veulent aucun mal.

9. M. Bourgeois est victime de malveillance et de menaces. Il craint pour sa famille, son troupeau et sa ferme. Pour Sandrine la plus grosse difficulté est l'isolement et la solitude.

10. Ce sera difficile pour les deux mais ils peuvent réussir. Si Adrien change d'attitude et a la chance de vivre plusieurs années il pourra aider Sandrine de ses conseils et la soutenir. M. Bourgeois aura toutes ses chances si les auteurs des exactions sont découverts. On peut alors espérer qu'il travaillera en paix et que ses efforts seront récompensés.

Articles de *Village Magazine*

a. **"Du maquillage au maraîchage bio", article de Stéphane Perraud du 1ᵉʳ mars 2008**
   1. Son travail itinérant n'était plus possible avec un enfant.
   2. Il était difficile de trouver des terres pour faire de la culture bio.
   3. Cela lui permettait de limiter les risques et de se former.
   4. Oui, Chrystèle a réussi. Elle travaille beaucoup mais elle fait des bénéfices, elle a créé un emploi et elle fait ce qu'elle aime.
   5. Elles ont le même âge et toutes deux avaient un travail complètement différent et bien payé. Elles ont suivi leur rêve. La différence majeure est que Chrystèle n'est pas seule (elle a un enfant) et qu'elle est soutenue par les membres du GAEC. En revanche Sandrine est isolée et doit se débrouiller seule.

b. **"Une librairie avec supplément d'âme!", article d'Emmanuelle Mayer du 1ᵉʳ janvier 2008**
   1. Ils avaient vécu à Paris, puis Avignon puis dans les Alpes-de-Haute-Provence. Lionel avait travaillé pour le Ministère de l'Environnement puis dans une association, et Claire-Aline était enseignante.
   2. Il avait le sentiment que la région se développait et que l'avenir était prometteur.
   3. Il accueille des écrivains et des groupes scolaires, il travaille en partenariat avec un théâtre, une association culturelle et un centre d'art contemporain et il attire les gens avec le salon de thé.
   4. Elle veut dire que c'est un lieu de rencontre pour les gens de la région. Ils ne s'y rendent pas que pour acheter des livres mais aussi pour se retrouver et discuter. Il attire les enfants et les adultes. C'est une sorte de centre culturel.
   5. Lionel et Claire-Aline apprécient leur qualité de vie: le calme, la tranquillité, le fait de ne pas perdre de temps dans les transports et la solidarité entre voisins. Certaines personnes qui ont toujours vécu à Meymac ne les comprennent pas car la tendance depuis longtemps était de quitter la campagne pour la ville. Ce retour vers la campagne les étonne.

AUTRES FILMS A VOIR

Profil paysans (documentaire en 2 parties de Raymond Depardon – 1. L'approche, 2001; 2. Le quotidien, 2005) et ***La vie moderne*** (documentaire de Raymond Depardon, 2008)
Il est étonnant de voir à quel point on s'attache aux paysans rencontrés dans les films. Chaque film permet de les retrouver quelques années plus tard. En fonction de leur âge, ils ont pris leur retraite, ont développé leurs activités, ont perdu quelques illusions, se sont mariés, ont eu un enfant, ont vieilli.

Farrebique et ***Biquefarre*** (documentaires de Georges Rouquier, 1946 et 1984)
Farrebique n'a pas eu de succès à sa sortie mais c'est un classique. Les étudiants auront beaucoup de difficultés à le comprendre car les personnages ne parlent pas clairement et la qualité du son est mauvaise. *Biquefarre* est moins difficile car plus récent. Ces deux films ne passionneront pas les étudiants mais ce sont des documents précieux pour comprendre la vie à la campagne.

Jean de Florette (drame de Claude Berri, 1986)
C'est un grand classique que votre bibliothèque a sans doute. Certains étudiants l'auront peut-être déjà vu au lycée. L'histoire présente des similarités troublantes avec celle de Sandrine, mais le tableau est plus noir et la fin tragique.

C'est quoi la vie? (de François Dupeyron, 1999)
Ce film a un petit côté bluette et est plus léger que les autres. Il est surtout plein d'espoir pour l'avenir. C'est sans doute celui qui plaira le plus aux étudiants mais il est moins riche que les autres.

Et pour vous amuser:

Le bonheur est dans le pré (comédie d'Etienne Chatiliez, 1995)
Comédie très légère qui se passe en partie dans une ferme du Gers où on pratique l'élevage de canard pour faire du foie gras. Sympathique mais difficile à exploiter. A noter: la présence de Michel Serrault dans le rôle principal.
Je vous trouve très beau (comédie d'Isabelle Mergault, 2006)
Petit film plaisant sur la difficulté d'être célibataire en milieu rural. Comment gérer une exploitation quand on est veuf?

La police, la criminalité et le monde de la rue

Le petit lieutenant

REMARQUE PRELIMINAIRE

Le petit lieutenant est un beau film sur le quotidien d'un commissariat de police. Les étudiants sont attirés par le film car ils supposent qu'il va y avoir de l'action, comme dans un film policier américain. Prévenez-les donc en expliquant que l'on va suivre des policiers dans leur travail, et que cela inclut des temps morts, de l'attente, de l'introspection. C'est un film réaliste qui donne une bonne idée du travail de la police. S'ils souhaitent voir un film policier avec tous les ingrédients (action, tension, violence), recommandez-leur *36, quai des Orfèvres* (voir en fin de chapitre).

ASPECTS CULTURELS

1. Police nationale et gendarmerie

a. La police et la gendarmerie sont toutes deux responsables du maintien de l'ordre. Les policiers sont rattachés au Ministère de l'Intérieur. Depuis le 1er janvier 2009 les gendarmes les ont rejoints mais ils gardent un statut militaire. La police opère dans les villes de plus de 20.000 habitants alors que les gendarmes travaillent en zones rurales et à proximité des zones urbaines. Ils peuvent aussi être appelés en renfort par la police.

b. Selon la loi du 19 mai 2006, "elle a pour mission, à titre principal, la prévention et la répression des formes spécialisées, organisées ou transnationales de la délinquance et de la criminalité".

c. La brigade criminelle enquête sur les homicides. Elle s'occupe également des enlèvements et des attentats. Elle s'occupe des grosses affaires alors que le groupe crim' de la PJ travaille sur les petites. C'est celle du film.

2. Mafia russe

a. Ils sont accusés de blanchiment d'argent.

b. Ce sont des gens qui ne ressemblent pas aux mafiosi traditionnels: ingénieurs, entre 40 et 50 ans, de Moscou, amateurs de luxe.

c. Ils gagnent beaucoup d'argent en faisant du trafic de drogue, d'armes et d'êtres humains. L'argent gagné en Russie transite par les Etats-Unis et revient en Europe où il est blanchi dans des sociétés très variées.

d. Ce sont leurs dépenses qui ont attiré l'attention de la police.

3. SDF

   a. S'il n'avait qu'une couverture il a pu mourir de froid. Cependant, comme il était de santé fragile, il est sans doute mort de complications liées à sa vie dans la rue.

   b. Les étudiants choisiront ce qui les frappera le plus, ou ce qu'ils comprendront bien.

4. Organisations humanitaires

   a. La soupe populaire est un endroit, parfois mobile comme une caravane, qui accueille les personnes pauvres et leur fournit des repas gratuits.

   b. Organisations humanitaires:

- Fondé en 1993, le SAMU social vient en aide aux sans-abri en fournissant de l'aide alimentaire, des vêtements et des couvertures et en prodiguant des conseils et parfois des soins.
- Les Restos du Cœur ont été créés en 1985 par l'humoriste Coluche. Leur but est de fournir des repas aux personnes dans le besoin. Pendant l'hiver 2007-2008 les Restos du Cœur ont pu compter sur 51500 bénévoles et ont servi 91 millions repas qui ont aidé 700 000 personnes.
- Le Secours Populaire date de la fin de la Seconde guerre mondiale. Il "est plus particulièrement attentif aux problèmes d'exclusion de l'enfance et des familles défavorisées. Sur le court terme, par une solidarité d'urgence basée sur l'alimentaire, le vestimentaire ; sur le long terme, par l'insertion professionnelle, l'accès à la culture, le sport, les loisirs, la santé, les vacances, les droits, et en préservant la dignité de chacun par une collaboration réciproque." (extrait de leur site web)
- Le Secours Catholique a été créé en 1946 pour aider les victimes de guerre. Aujourd'hui l'association vient en aide aux personnes pauvres, mal logées et mal nourries et elle les informe sur leurs droits. Elle est particulièrement attentive aux actions qui renforcent les liens familiaux.

5. Le Havre

Le Havre se situe en Haute-Normandie, sur la Manche. La ville a été en partie détruite pendant la Deuxième guerre mondiale et reconstruite ensuite. Elle a donc un air "ville d'après guerre" qui n'encourage pas le tourisme! De très nombreux emplois sont liés aux activités portuaires. Le port du Havre est le 2e de France après celui de Marseille.

PARALLELES AVEC LES ETATS-UNIS ET D'AUTRES PAYS

1. Son expérience sera sans doute sensiblement la même que celle d'un collègue en France. Il sortira d'une école où il aura reçu une bonne formation mais il aura besoin de se confronter à la réalité du terrain.

2. Comme il y a beaucoup plus d'armes à feu aux Etats-Unis les interventions de la police sont potentiellement très dangereuses. Comme il y a beaucoup plus de meurtres aux Etats-Unis les enquêteurs ont fort à faire.

QUESTIONS GENERALES SUR LE FILM

Antoine :

1. Antoine jubile dans son nouveau rôle, il réalise son rêve. La façon dont il joue avec le gyrophare de la voiture de service et la soirée bien trop arrosée révèlent son manque de maturité. Pour lui le travail est un jeu. Il n'a pas encore été assez confronté à la réalité du métier pour être conscient de la dureté de la tâche et des risques.

2. On peut se demander pourquoi le réalisateur a choisi d'avoir un lieutenant marié. Il est très jeune et l'intrigue liée à sa femme est peu développée. Il ne s'attache pas non plus à l'angoisse liée aux risques du métier, mais plutôt à la tension due à la séparation.

3. Antoine est complètement inconscient du danger. Il monte seul car son collègue n'est pas disponible et il a un sentiment d'urgence. Il sait que Pavel est tout près et il ne veut pas le lâcher. Il veut aussi sans doute prouver qu'il est capable de réussir seul.

Les Russes :

4. On sait que Piotr a été condamné plusieurs fois pour meurtre et que Pavel vendait des armes aux Tchetchènes. Tous deux sont considérés comme dangereux.

Vaudieu :

5. Il y a une quinzaine d'années son fils de 7 ans est mort d'une méningite.

6. Vaudieu a réussi à tenir pendant deux ans mais elle rechute après avoir vu Antoine à l'hôpital. Le médecin lui a dit qu'Antoine avait sa chance mais qu'il n'était pas optimiste.

7. Elle se demande si elle n'est pas trop vieille pour ce travail. C'est éprouvant et elle n'est pas sûre d'avoir les ressources nécessaires pour le faire bien.

8. Il est important que ce soit Vaudieu qui tire sur Pavel car c'est une façon de venger son petit lieutenant.

9. Son visage est énigmatique. Il évoque la lassitude, la fatigue physique et mentale liée à la fin d'une enquête, il est soucieux, grave, mais peut-être apaisé aussi. Ce qui est sûr, c'est que le spectateur est touché par ce regard qui ne s'oublie pas et qui nous suit longtemps.

Les collègues :

10. Solo est d'origine étrangère et a été élevé en banlieue. Sa famille a bien pris son choix mais certains collègues ont eu du mal à l'accepter.

11. Le bar est un lieu où les policiers peuvent se détendre, et c'est un lieu de vie qui rassemble des gens de toutes sortes. Des scènes fortes ont lieu dans un bar: Antoine y arrose beaucoup trop son arrivée, Mallet y fait une pause qui sera fatale au petit lieutenant, Vaudieu rechute et c'est aussi à un comptoir de bar qu'elle reconnaît Pavel.

Choix du réalisateur :

12. Pour Xavier Beauvois, c'était une question de réalisme. Quand la police intervient sur une affaire, quand un commissaire a du vague à l'âme, quand quelqu'un est tué, cela ne se passe pas en musique dans la vie réelle. Il voulait que son film soit authentique, sobre et réaliste et a donc opté pour le silence ou les simples bruits de la vie quotidienne

QUESTIONS SUR LES THEMES DU FILM

1. Vision de la police :
   a. Dans *Le petit lieutenant*, le travail de policier n'est ni glorieux, ni glamour. Ils enquêtent sur une affaire assez sordide, ils s'entraînent à tirer, font un travail de bureau, discutent avec leurs collègues, font des planques et des filatures. Vaudieu expliquent que les grandes affaires n'arrivent que deux ou trois fois dans une carrière. On est loin des clichés véhiculés par d'autres films.
   b. Les policiers sont des gens ordinaires qui ressemblent au reste de la société. Ils font leur travail avec sérieux. Certains sont très humains, l'un d'eux est borné et raciste, dans l'ensemble ils ont le sens de l'humour et sont capables de prendre de la distance par rapport à leur travail.
   c. L'amitié et la solidarité sont capitales pour se sentir soutenu. Ils ont aussi le sens du devoir (on n'est pas là pour se poser des questions mais pour faire notre travail) et leur humour leur permet de voir tout cela de loin.
2. Plusieurs facteurs entrent en jeu. D'abord Xavier Beauvois s'est énormément documenté pour que les détails soient justes: habillement, locaux, dialogues, rythme de travail. Il a aussi choisi d'embaucher des acteurs non professionnels qui jouent leur propre rôle. Ils sont donc dans le vrai sans avoir à se forcer.
3. L'alcoolisme est traité comme une maladie qu'il faut soigner, et avec laquelle il faut apprendre à vivre. Beauvois a lui-même eu des problèmes d'alcoolisme et se sent à l'aise pour en parler. Les réunions des Alcooliques anonymes sont le reflet de ce qu'il a connu et les angoisses de Vaudieu face à son démon sont authentiques.
4. *Le petit lieutenant* est avant tout un film riche. Beauvois détaille la vie d'un commissariat, mais il se sert aussi du cadre du film policier pour montrer les ravages de l'alcoolisme et brosser un magnifique portrait de femme forte et fragile à la fois, une femme seule brisée par la vie.
5. Vaudieu est prête à tout apprendre à Antoine mais à la fin du film on peut se demander si Antoine ne lui a pas apporté autant. Son décès, bien sûr traumatisant pour Vaudieu, la force à se remettre en selle. Il lui donne l'énergie dont elle besoin pour traquer les Russes et mener son enquête à bien.

ETUDE COMPLEMENTAIRE

LES LIMITES DE CE FILM

1. On peut supposer que cette scène a été écrite pour les besoins du film. En réalité, un policier expérimenté ne laisserait jamais un petit jeune tout seul. Ceci dit, le collègue n'a pas imaginé un instant ce qui pouvait arriver (c'est d'ailleurs là une de ses fautes). La scène est crédible mais on espère qu'elle ne se reproduit pas trop souvent dans la réalité!
2. Il est certain qu'il n'épargne rien à Vaudieu. Il voulait sans doute faire le portrait d'un personnage tragique mais qui, malgré ou à cause de ses drames, est profondément humain et ouvert aux autres.
3. La réponse à cette question n'est pas évidente. Beauvois a peut-être voulu se concentrer sur Antoine et le fragiliser en l'isolant. Il a sans doute aussi voulu montrer que la vie de conjoint de policier est difficile. C'est un thème récurrent dans les films policiers. On peut cependant apporter un bémol à cette affirmation puisque Solo, le collègue d'Antoine, est marié, père de

famille, et semble avoir une vie équilibrée.

4. Certains membres de l'équipe donnent l'impression de les avoir déjà vus dans d'autres films policiers. Antoine est le petit nouveau enthousiaste et naïf, Morbé est violent et raciste mais il est racheté par Solo, le policier d'origine étrangère droit et honnête. Ce sont des portraits classiques qui contrastent avec le personnage de Vaudieu. En effet les femmes flics sont souvent caricaturées alors que Vaudieu est tout en contrastes et en contradictions. A la fois ferme et sensible, elle commande et s'investit, elle vit son métier et en souffre. Alors que ses collègues correspondent à l'idée que le spectateur se fait de la police, Vaudieu, grâce à ses multiples facettes, échappe au stéréotype.

5. Le réalisateur a choisi des étrangers par souci de réalisme, puisqu'il y a une majorité de personnes étrangères, ou d'origine étrangère, dans les gardes à vue. Comme la mafia russe est en pleine expansion, il l'a sans doute choisie pour coller à l'actualité.

6. Certains films accusent la police de tous les maux. Comme ce n'est pas le cas dans *Le petit lieutenant* il serait facile de penser que le film est un hommage aux policiers. En fait c'est plutôt un film qui respecte ses personnages, qu'ils soient du côté de la loi ou de l'autre.

7. Le travail dans une ville plus calme est complètement différent. Il y a moins de violence, de règlements de comptes, de braquages. A Paris les policiers sont confrontés à des trafics en tous genres, à de très nombreux étrangers en situation illégale et/ou précaire et à un milieu exclusivement urbain.

8. Les policiers n'ont pas affaire à la même population, mais ils doivent enquêter sur des réseaux, des vols et même des meurtres. Ils croisent des gens qui manient de grosses sommes d'argent et qui peuvent être impliqués dans d'autres trafics.

UNE SITUATION TYPIQUEMENT FRANÇAISE?

La criminalité est différente aux Etats-Unis à cause des nombreuses armes à feu. Cela implique une formation différente de la police. On peut cependant penser que de nombreux aspects du film seraient similaires :

- Le petit lieutenant serait naïf et enthousiaste et se croirait invincible
- Le commandant pourrait avoir exactement les mêmes problèmes d'alcoolisme après son drame personnel
- La mafia (de n'importe quelle nationalité) aurait pu commettre les mêmes crimes
- Le travail au quotidien dans un commissariat américain n'est sans doute pas plus glamour
- Les policiers font leur travail au mieux, avec leurs qualités et leurs défauts, dans la limite du temps et des moyens impartis

Ce film est tellement humain qu'il dépasse les frontières. Les lieux sont français mais les thèmes et les personnages pourraient exister de la même façon ailleurs.

L'AVIS DE LA PRESSE

Article de *Banc public* paru en novembre 2004 (n° 134)

1. Elle achète de l'immobilier de luxe, sur la Côte d'Azur en particulier.

2. Depuis la chute du mur de Berlin l'Allemagne a une longue frontière commune avec la Pologne et la République tchèque. Elle attire de nombreuses prostituées des pays de l'Est et même l'Etat allemand a des liens indirects avec la mafia.

3. Ils acquièrent des propriétés en payant cash ou après avoir fondé une fausse société pour cacher leurs malversations.

Article du *Figaro* (15 octobre 2007)

1. A son avis les Polonais sont dans l'ensemble très bien intégrés, parfois tellement bien qu'ils en oublient leurs racines.
2. Il voit tous les jours de nouveaux venus qui cherchent un travail et un logement. Son église aide aussi financièrement certains Polonais qui souhaitent retourner dans leur pays.
3. Tous deux ont une formation et ont 1001 jobs pour s'en sortir. Ils ont un logement minuscule mais ne souhaitent pas rentrer en Pologne.
4. La plupart des Polonais travaillent dans le bâtiment car c'est ce qu'ils faisaient en Pologne.
5. Il explique qu'il est difficile pour un employeur d'embaucher légalement dans le bâtiment. En effet, les frais sont lourds et les ouvriers risquent de trouver un travail mieux payé s'il est au noir.
6. Les résultats de l'enquête sont intéressants: beaucoup des SDF étrangers sont polonais, ce sont presque tous des hommes qui sont arrivés après 2004 (entrée de la Pologne dans l'Union européenne), ceux qui ne peuvent plus travailler ont de gros problèmes d'alcoolisme.
7. La Bulgarie et la Roumanie font partie de l'Union depuis 2007. Comme ce sont des pays pauvres l'Europe de l'Ouest va peut-être devoir faire face à une arrivée importante de Bulgares et de Roumains, qu'elle devrait préparer pour mieux la gérer.

AUTRES FILMS A VOIR

Quai des orfèvres (film policier d'Henri-Georges Clouzot, 1946)

1. L'inspecteur Antoine regrette que l'affaire qu'il vient de résoudre soit aussi minable. Dans les deux films il s'agit d'homicides banals: Paulo a tiré sur Brignon car il a eu peur et les Russes ont tué le Polonais pour 300 euros.
2. Antoine n'a pas eu de chance avec les femmes. Il s'est constitué une famille grâce au petit garçon qu'il élève. Vaudieu a perdu son fils et a sombré dans l'alcool. Ces drames les rendent plus humains, plus proches des gens. Ils comprennent mieux la souffrance des autres.
3. Dans les deux films les réalisateurs s'attachent à dépeindre la société, le milieu, le quartier et le caractère de ses personnages.
4. La police n'est pas parfaite mais elle fait son travail sérieusement et le métier comporte des risques. L'inspecteur Antoine et le commandant Vaudieu réfléchissent, raisonnent, analysent, et réussissent à trouver le coupable mais dans les deux films ils ont failli échouer: Martineau était sur le point d'être incarcéré pour un crime qu'il n'a pas commis (même s'il en avait l'intention) et Pavel est rattrapé in extremis à Nice.

Police (film policier de Maurice Pialat, 1985)

1. Ils posent de nombreuses questions et n'hésitent pas à avoir recours à des méthodes plus brutales.
2. Les hommes sont pour la plupart misogynes et méprisants. Le contraste est frappant avec Vaudieu qui est respectée et aimée des hommes qui l'entourent. Il est vrai qu'elles n'ont pas le même âge et que Vaudieu a eu le temps de faire ses preuves.

3. Les policiers sont différents (ils sont plus professionnels et plus humains dans *Le petit lieutenant*). Les immenses progrès réalisés dans les domaines de la technologie ont fait évoluer le travail mais les responsabilités restent les mêmes.

36, quai des Orfèvres (film policier d'Oliver Marchal, 2004)

1. Dans le premier c'est principalement un travail de réflexion et d'analyse, avec des incursions dans la rue et des interrogatoires. Dans le second le métier est montré de façon beaucoup plus violente et dangereuse, avec de grosses interventions sur le terrain. On a l'impression que les policiers de Marchal risquent leur vie à chaque instant.
2. On a le sentiment que la police détruit les policiers. Ils sont abattus dans tous les sens du terme. Il y a aussi une rivalité aigue entre les policiers et entre les services. Enfin le film dénonce l'injustice. Pour les spectateurs il est clair que Klein a commis plusieurs fautes graves pour lesquelles il n'est jamais puni par sa hiérarchie.
3. La femme d'Antoine ne semble pas s'inquiéter pour lui mais souffre de l'éloignement de son mari. Les deux autres femmes s'angoissent pour leurs maris, surtout Camille Vrinks qui est inconsciente des risques qu'elle prend pour lui. Dans tous les cas, le métier de policier n'est pas anodin et pèse lourd sur la vie de famille.

Sur les SDF:

Hiver 54, abbé Pierre (film historique de Denis Amar, 1989)

- Les hommes politiques sont lâches et hautains. Certains se distinguent mais dans leur grande majorité ils ne sont absolument pas touchés par le drame des SDF. Aujourd'hui ils font des déclarations mais il y a peu d'actions concrètes.
- L'abbé Pierre était un homme exceptionnel, non seulement brillant et généreux, mais excellent orateur. Il savait s'exprimer pour qu'on l'écoute. Peu de gens ont les mêmes atouts mais de très nombreux bénévoles aident à leur façon, en donnant de leur temps notamment.
- L'appel de l'abbé Pierre a eu une résonance inouïe. Les Français, touchés par ses mots, se sont mobilisés en masse. Cet élan de générosité existe toujours. On le voit chaque année avec les dons pour les banques alimentaires et pour certaines manifestations comme le Téléthon, qui récolte des fonds pour la recherche sur les maladies génétiques comme les myopathies.

La culture

Le goût des autres

ASPECTS CULTURELS

1. Les pratiques culturelles des Français
    a. Ils investissent essentiellement dans l'équipement pour la maison et dans la presse.
    b. Les étudiants seront surpris par le taux de lecteurs. On peut leur demander de regarder autour d'eux, dans la population non-étudiante. Les gens lisent-ils plus de livres et de quotidiens nationaux? Si la réponse est non elle sera difficile à admettre !

2. La littérature
    a. Le 1er document indique que sur la totalité des livres produits chaque année, seuls 40% (en moyenne) sont des nouveautés.
    b. La production de livres se répartit de façon assez équilibrée dans les 6 catégories principales, avec des pics pour les livres jeunesse, les bandes dessinées et la littérature.

Le Salon du livre
    a. Il existe depuis 1981.
    b. Il s'adresse à tout le monde, enfants et adultes.
    c. On peut y rencontrer des auteurs, acheter des livres et les faire dédicacer, assister à des conférences et des animations.

Festival international de la bande dessinée d'Angoulême
    a. Il existe depuis 1974.
    b. C'est une immense plate-forme d'exposition qui réunit de jeunes talents et des auteurs confirmés. C'est un lieu d'échanges entre professionnels et avec le public.

Les prix littéraires
- Le Goncourt: Créé en 1896, c'est le prix le plus prestigieux. Il est attribué par les 10 membres de l'Académie Goncourt et récompense le meilleur roman de l'année.
- Le Femina: Ce prix a été créé en 1904 car le Goncourt ne revenait qu'à des hommes. Encore aujourd'hui le jury est exclusivement féminin, mais le prix est attribué indifféremment à un homme ou une femme.
- Le Renaudot: Ce prix a été créé par des journalistes et des critiques littéraires en 1926. Il a la particularité d'attendre les résultats du Goncourt pour annoncer son prix.
- L'Interallié: Ce prix, qui date de 1930, est attribué à des journalistes exclusivement.

3. Le théâtre

La Comédie-Française (www.comedie-francaise.fr)
  a. La Comédie-Française a été fondée sur décision de Louis XIV en 1680. Son but était de créer une nouvelle troupe en combinant deux troupes, celle de l'Hôtel Guénégaud et celle de l'Hôtel de Bourgogne.
  b. On appelle souvent la Comédie Française la Maison de Molière alors qu'il était mort depuis 7 ans quand le théâtre a été créé !
  c. C'est le seul théâtre de France qui bénéficie d'une troupe permanente de comédiens.
  d. Les grands auteurs classiques (Molière, Racine, Corneille, Musset, Marivaux) sont privilégiés.

Festivals d'Avignon et d'Anjou (www.festival-avignon.com, www.festivaldanjou.com)

	Avignon	Anjou
En quelle année ont-ils été créés?	1947	1952
Quelle personnalité a marqué chaque festival?	Jean Vilar	Jean-Claude Brialy
Combien de temps dure chaque festival?	3-4 semaines	3-4 semaines
Comment peut-on décrire leur programmation?	Théâtre contemporain, danse, musique	Théâtre classique et contemporain
Combien de spectateurs viennent chaque année?	130.000 en moyenne	25.000 en moyenne

4. Le cinéma
  a. La fréquentation des salles a augmenté de 45% entre 1996 et 2006. Dans le même temps les recettes ont enregistré une hausse de 65%.
  b. On peut supposer que le prix des places a augmenté et que la vente périphérique (boissons, friandises) a dopé les recettes.
  c. Les spectateurs plébiscitent les films américains, puis les films français. En 2006 ils étaient à égalité. Ces chiffres peuvent varier assez rapidement en fonction de l'offre chaque année.

Le festival de Cannes www.festival-cannes.com/fr.html
  a. C'est non seulement une compétition mais aussi le plus gros marché du film au monde.
  b. Il donne un prix pour le meilleur premier film et il aide les jeunes réalisateurs à passer les étapes de la création d'un film.

La fête du cinéma
  a. Cette fête existe depuis 1985.
  b. Le but de la fête est de permettre aux spectateurs de voir autant de films qu'ils le souhaitent à un tarif très réduit. C'est aussi une façon de booster la fréquentation des salles et de créer l'enthousiasme.

c. Le spectateur achète un carnet-passeport au prix normal d'une place, puis tous les films sont à 2 euros pendant 3 jours.

5. La musique
a. Les ventes sont en chute libre depuis 2002. Les pratiques ont évolué depuis qu'il est possible de télécharger de la musique.
b. Ils sont très attachés à la chanson française, ce qui surprend les étudiants ! Ils ne connaissent pas les chanteurs français et ont du mal à imaginer la richesse de la variété française.

La fête de la musique
a. Plusieurs personnes sont à créditer pour cette manifestation. Elle est plus généralement associée à Jack Lang, ministre de la Culture de François Mitterrand, qui a repris une idée développée par des musiciens. La première fête de la musique a eu lieu en 1983.
b. Elle a toujours lieu le 21 juin, premier jour de l'été (dans l'hémisphère nord évidemment).
c. Le but est de démocratiser la musique et de donner à chacun l'occasion de s'exprimer musicalement.
d. Des concerts sont organisés et de nombreux amateurs chantent et/ou jouent d'un instrument dans la rue.
e. Non, tous les genres musicaux sont les bienvenus.
f. Non, aujourd'hui environ 110 pays organisent une fête de la musique à la même date.

6. L'art (musées, expositions)
a. La France est très bien placée puisque 4 des 10 musées les plus fréquentés se trouvent en France. Non seulement le Louvre est le musée le plus visité au monde, mais il est très loin devant les autres.
b. Les ouvriers, les agriculteurs et les retraités sont ceux qui vont le moins souvent dans les musées. Les cadres et professions intellectuelles supérieures sont sur-représentés.
c. Les musées « classiques » de peinture et de sculpture ont la préférence.
d. Les deux-tiers viennent de l'étranger.
e. Un primo-visiteur est quelqu'un qui visite le Louvre pour la première fois.

7. Le patrimoine (châteaux, monuments, églises, artisanat, etc.)
a. Les habitations peuvent être des châteaux, des manoirs ou des maisons ayant appartenu à des gens célèbres. Les édifices religieux sont des cathédrales, des églises, des chapelles ou des abbayes.
b. Les monuments classés datent pour la plupart du Moyen Age au XVIIIe siècle.
c. La moitié des monuments sont privés et les autres appartiennent en majorité à la commune où ils se trouvent.

PARALLELES AVEC LES ETATS-UNIS ET D'AUTRES PAYS

Les étudiants trouvent cette activité simple. Ils commencent à y voir un intérêt quand ils se rendent compte que même les gens qu'ils considèrent cultivés lisent moins et sortent moins qu'ils ne le pensaient. Ils peuvent alors se demander ce qui les freine: manque de temps et/ou d'argent, autres préoccupations (enfants en bas âge, obligations familiales, soucis divers), éloignement des centres culturels.

QUESTIONS GENERALES SUR LE FILM

Le couple Castella :

1. Castella est médiocre, banal et inculte, mais il a des qualités. Il est plus intelligent qu'on ne croit puisqu'il est capable de changer, de s'ouvrir à un monde qu'il ne connaît pas et qui ne l'accueille pas. Angélique est égoïste et pédante. Elle vit dans son monde, passe des heures devant des séries américaines, aime plus son chien que n'importe qui d'autre, et ne se pose aucune question. Elle est sûre d'elle et de ses choix. C'est une idiote qui sert de faire-valoir à Béatrice, la sœur de Castella.

La relation Castella-Clara :

2. Le cours d'anglais a lieu sur son lieu de travail et Clara n'est pas vraiment affriolante. En revanche au théâtre Castella n'est plus dans sa routine, il est transporté dans un autre monde et Clara touche sa sensibilité.

3. Au début du film Clara a des failles et des angoisses mais elle se sent supérieure culturellement. Elle vit entourée de ses amis du théâtre et n'a aucunement l'intention d'aller voir plus loin. A la fin elle a réfléchi grâce à Castella. Il lui a fait du bien en la forçant à sortir de son monde étriqué.

4. Pour tous deux cette rencontre est une ouverture, pour elle sociale et peut-être affective, pour lui culturelle et certainement affective.

Les personnages et la culture :

5. L'émotion qu'il ressent lors de la première représentation lui donne envie de retourner au théâtre. Ensuite il veut aller à l'exposition, il achète un tableau et commande une fresque pour son usine. Il n'aurait jamais fait tout cela auparavant. Ce qui est peut-être plus frappant encore, c'est son opposition à sa femme à propos du tableau. Il savait très bien, en l'accrochant, qu'elle allait hurler au scandale. En faisant cette démarche il affirme ses goûts.

6. Clara joue évidemment un rôle prépondérant mais elle n'est pas la seule. Angélique participe sans le savoir puisque son mari s'ouvre à la culture en partie en réaction contre sa femme et sa maison. Enfin Castella est l'acteur de sa découverte. Il aime sincèrement la pièce de théâtre et les peintures de l'exposition. Il n'avait juste pas eu l'occasion d'être dans ce monde jusqu'à maintenant.

7. Il se rase la moustache parce qu'il sent qu'il a changé et c'est une façon d'être un nouveau lui. Les artistes ne sont pas comme lui, il cherche à leur ressembler.

8. Angélique méprise Béatrice (elle n'a pas de goût), les théâtreux méprisent Castella (il est inculte et naïf) et le chauffeur et garde du corps méprisent Castella (il est gentil mais pas fin).

Les personnages secondaires :

9. Ce sont des hommes intelligents qui se posent des questions sur la vie. Ils sont différents: le chauffeur est naïf et idéaliste alors que le garde est blasé par la vie et le travail. Ils ont une expérience de la vie qui leur permet de voir que Castella vit dans un monde étroit. Ils ne se seraient pas fait avoir comme lui par les théâtreux.

10. Manie sert d'intermédiaire, d'entremetteuse, entre les personnages. Elle observe tout le monde de son comptoir et elle sert aussi de contrepoint à Clara qui s'angoisse.

Les hommes et les femmes :

11. Les hommes ont tous un problème, une angoisse, une déception, tous sont insatisfaits. Le garde du corps est aigri par son travail dans la police et par ses relations avec les femmes, le chauffeur est abandonné par sa petite amie, et Castella ressent, sans le formuler, que sa vie est incomplète.

12. Clara désespère de rencontrer l'homme de sa vie et d'avoir des enfants, et elle s'angoisse pour ses fins de mois. Manie n'a pas de raison de vivre et Angélique, qui croit qu'elle a tout, se retrouve seule à la fin du film.

Les spectateurs :

13. Au début du film, on ne s'identifie pas à Castella. C'est un idiot, on n'est pas comme lui, on est mieux que lui puisque l'on voit qu'il est idiot. Petit à petit notre regard change. La scène du souper, pendant lequel il se fait moquer de lui, est une charnière. Il est inculte mais gentil et on a honte de l'attitude des théâtreux. On ne veut plus être de leur côté. Tous les portraits se fissurent, de façon à ce que le spectateur puisse s'identifier avec chacun à tour de rôle.

14. On rit parce que le film est drôle et méchant, mais aussi parce qu'on se reconnaît des deux côtés.

Les choix de la réalisatrice :

15. Le titre a deux sens. Il fait référence aux goûts qu'ont les autres (chacun ses goûts), mais aussi au goût pour les autres (a-t-on envie d'aller vers ceux que l'on ne connaît pas?).

16. La fin est très optimiste. En effet, le chauffeur est enfin parvenu à jouer son morceau à la flûte. Il a essayé longtemps et il a réussi. On ne se moque pas de lui, on est content pour lui. Finalement, tout le monde y arrive en persévérant et on peut toujours apprendre et s'améliorer.

QUESTIONS SUR LES THEMES DU FILM

1. **Film critique:** Le film critique le sentiment de supériorité des cultivés et d'infériorité des autres (Castella se croit méprisé de son directeur général parce qu'il a fait de grandes études), le snobisme et l'exclusion imposée par ceux qui se croient supérieurs, l'arrogance culturelle des intellectuels rigides, l'idée qu'il y a opposition entre culture et business (je suis homme d'affaires donc je n'y connais rien à la culture) et enfin le sectarisme et l'esprit de chapelle (je me sens bien dans mon groupe de théâtreux donc je ne veux pas de toi car tu n'es pas comme moi).

2. **Culture et intelligence:** L'intelligence est innée (même si elle se travaille), alors que la culture est un acquis. On ne naît pas avec et on peut l'acquérir plus tard.

3. **Culture et élite:** Non, tout le monde peut se cultiver, quel que soit son milieu social et son âge.

4. **Brassage social:** Dans le film chacun campe sur ses positions, même s'il fait l'effort de parler à ceux qui sont différents. A la fin, ils ont tous fait du chemin mais ils sont loin de se connaître et de se comprendre vraiment.

5. **Intermittents du spectacle:** Clara est le porte-parole de la réalisatrice. Elle a peur du lendemain, de ne pas enchaîner, de ne pas pouvoir payer son loyer, même à 40 ans et après 20 ans de carrière.

6. **Dictature du goût:** Angélique impose ses goûts à son mari et à sa belle-sœur. Quant aux amis de Clara, ils sont tellement sûrs d'eux qu'ils se moquent d'un autre artiste (dont l'exposition a pourtant été bien reçue par le public) et ils n'acceptent pas que des gens qu'ils jugent différents, comme Castella, puissent aussi avoir du goût.

7. **Télévision et reconnaissance:** Clara ne joue qu'au théâtre, mais cela ne l'empêche pas d'avoir une belle carrière et d'être appréciée. La télévision est cependant nécessaire pour la reconnaissance du grand public qui ne va jamais au théâtre, et surtout pas pour y voir une pièce de Racine. On peut cependant se demander si le grand public regarderait facilement à la télévision une pièce classique et difficile comme *Bérénice*. Clara aurait toujours du mal à être célèbre!

ETUDE COMPLEMENTAIRE

LES LIMITES DE CE FILM

1. Les scénaristes ont sans doute forcé le trait pour souligner leur propos. Ceci dit, il existe des milliers de gens qui ne s'intéressent pas à la culture. Le but du film est de montrer que tout le monde peut y découvrir quelque chose et être touché par une œuvre.

2. Le spectateur frémit pendant le film puisqu'il se reconnaît dans certains personnages et qu'il rit d'eux, et donc de lui-même. En revanche à la fin tout est aplani. Castella et Clara vont trouver un terrain d'entente, Weber (le directeur général de Castella) ne démissionne plus, et le chauffeur a réussi son morceau de flûte. Certes Angélique se retrouve seule mais on a du mal à la plaindre, et Manie et le garde du corps se séparent, incapables de s'entendre. Les spectateurs rient, se reconnaissent, mais le film reste très confortable à regarder.

3. La situation évolue mais les minorités sont encore peu représentées dans les milieux culturels même si depuis quelques années on remarque une évolution des mœurs et une ouverture d'esprit. Jaoui et Bacri ont donc brossé un tableau assez authentique de la réalité en 2000.

UNE SITUATION TYPIQUEMENT FRANÇAISE?

1. En général les étudiants n'ont pas d'expérience personnelle donc ils se fient à leur impression d'Hollywood, et, dans une moindre mesure, du monde du théâtre. Ils ont souvent le sentiment que les acteurs sont arrogants et jouent à la star. Il y a des exceptions mais en général les acteurs ne leur donnent pas une bonne impression.

2. Oui !
3. C'est un sentiment universel, que chacun ressent et comprend, quel que soit son pays d'origine.

L'AVIS DE LA PRESSE

Article de Clarisse Fabre, Nathaniel Herzberg et Marie-Aude Roux paru dans le *Monde* du 11 janvier 2009

1. Ils trouvent étonnant qu'en période de crise les Français continuent à dépenser pour les activités culturelles.
2. Les chiffres sont au beau fixe: fréquentation en hausse de 6,2% et bonne tenue des films français à l'étranger.
3. Tous les musées ont bonne mine, que ce soient les gros musées parisiens ou des musées de province plus modestes.
4. Pour Marie-Christine Labourdette, les gens ont besoin de se rassurer et se tournent donc vers les lieux qui ne changent pas.
5. L'opéra a un succès fou et les concerts sont très fréquentés. Il faut cependant rester prudent car certaines places ont été achetées avant la crise.
6. Les théâtres publics sont subventionnés donc les places sont moins chères. Ils ont aussi des systèmes d'abonnement qui aident à la fois le public et les salles. Enfin on peut supposer que certaines personnes s'abonnent juste pour soutenir la profession.
7. Il est difficile de juger l'impact que va avoir la crise sur le tourisme (moins d'étrangers en vacances en France), sur les subventions (si elles baissent il y aura moins de créations) et sur le mécénat (les mécènes ne donneront plus ou donneront moins).

Article de Guillaume Vuillemey, de l'Institut économique Molinari, publié dans le *Monde* de 2 décembre 2008.

1. Ils se plaignent de coupes dans leurs budgets.
2. Ils s'autofinancent (vente de billets, produits dérivés en librairie, restauration sur place) à hauteur de 30%, et le reste vient de l'Etat, donc des contribuables français.
3. Tous les Français sont obligés de financer les musées, alors que certains n'y vont absolument jamais.
4. La pinacothèque est privée, donc elle ne reçoit aucune aide. Elle se débrouille grâce à une bonne gestion de ses ressources.
5. Ils sont obligés de dépenser toutes leurs subventions pour avoir les mêmes l'année suivante. Cela ne les encourage pas à épargner et à penser de façon rationnelle.
6. Les Américains sont habitués à faire des dons et on les encourage à le faire grâce à des déductions d'impôts conséquentes.
7. Oui, ils seraient obligés de plaire au public, et donc de proposer des expositions qui vont l'attirer.

AUTRES FILMS A VOIR

Comme une image (comédie dramatique d'Agnès Jaoui, 2004)
1. Le film explore le monde de la littérature, avec un auteur célèbre et un autre qui espère le devenir. Il s'intéresse aussi à la musique (chant, concerts) et à la recherche de la gloire.
2. Ils sont prêts à toutes les bassesses, les compromissions et même à être mal traités si cela peut les aider à arriver à leurs fins.
3. L'image a un poids considérable. Lolita est définie par le fait qu'elle n'a pas une bonne image d'elle-même et par le fait que personne, ou presque, ne la voit comme quelqu'un d'intéressant. Dans *Le goût des autres* les personnages sont catalogués en fonction de l'image que les autres ont d'eux. Dans les deux cas la réalisatrice dénonce la dictature de l'image qui emprisonne ses personnages.

La vie d'artiste (comédie dramatique de Marc Fitoussi, 2007)
1. Le moins que l'on puisse dire, c'est qu'il est semé d'embûches, de déceptions et de désillus
2. Clara peut être fière de son travail mais elle est angoissée pour ses fins de mois et la suite de sa carrière. Alice est en revanche à l'aise financièrement mais elle méprise ce qu'elle fait. Ni l'une ni l'autre n'est satisfaite, Clara aspire à plus de stabilité et Alice à avoir de vrais rôles d'actrice.
3. Alice est atterrée car elle ne comprend pas leur enthousiasme. Elle est convaincue que ce qu'elle fait ne vaut rien. Elle n'a pas le même goût que les autres.